나는 개가
정말 싫어

무의식의 세계에서
사랑의 탑을 쌓아가는
세상의 모든 비자발적 집사님에게

어쩌다 집사가 되었지 말입니다

나는
개가

정말
싫어

이푸른 쓰고
비자발적 집사 딸

남산 그림
비자발적 집사 딸의 친구

틈새의시간

겉으로는 한없이 소심해 보이지만, '탈교자'의 피가 흐르는 사람. 그게 바로 저 이푸른입니다. 어렸을 때부터 기질을 보이긴 했죠. 아주 용감무쌍하게 계단 밑에 숨어(추운 겨울날이라 벌벌 떨었다는 건 비밀입니다) 학교에 가지 않았거든요. 끝내 아빠에게 들키고 말았지만.

결국, 끈질기게 학교를 거부했던 저에게 가족 모두 항복했죠. 홀로 승리를 자축하며 중학교에서 뛰쳐나와 행복한 홈스쿨링 생활을 하게 되었습니다. 아, 어찌나 행복하던지!

홈스쿨링을 할 때부터 함께한 이공실, 오빠의 결혼식 이후 새로이 이씨 가족으로 들어온 이동백. 그리고 비자발적 집사 아빠. 저는 오로지 관찰자로서 여러분께 일상 이야기를 들려드리기만 할 거예요. 독자 여러분께서 반려동물과 함께한 추억, 시간을 떠올려주신다면 더할 나위 없겠습니다. 아빠가 비자발적 집사에서 자발적 집사로 변화해 가는 과정을 저와 함께 따라가 봅시다!

2022년 3월

모든 비자발적 집사님을 응원하며

이푸른

푸른 작가님과 반려동물 에세이를 작업하면서 참고 자료를 많이 찾아 보았습니다. 강아지와 고양이 말고도 햄스터 친칠라 오리 뱀 앵무새 등 집사님들의 사랑을 받는 아이들이 많았습니다. 그런데 시간이 지나면서 자료조사를 위해 의무적으로 찾아봤던 동물 이야기를, 나중에는 제가 보고 싶어서 찾고 있더라고요. 사실 증명을 위해 저의 흑역사를 말씀드리자면, 얼마 전에도 '다 자란 새끼 판다를 떠나보내는 어미 판다'라는 영상을 보고 방구석에서 혼자 오열했습니다. 제가 이별이라는 키워드에 특별히 약해서 그런 건 아니에요. 로맨스 영화에 나오는 절절한 인간 커플의 이별에도 쉽게 오열하는 유형이 아니거든요. 그런데 왜 동물들에게는 이토록 감정이입이 쉽게 되는 걸까요? 미스터리입니다.

작업하는 동안 푸른 작가 아버지의 모습에 많이 공감했어요. 저 또한 알게 모르게 동물과 교감하는 법을 배우게 되었거든요. 무언가를 사랑하고 소중히 하는 마음은 삶을 늘 충만하게 해주는 것 같습니다.

2022년 3월

세상의 모든 비자발적 집사님께

남산

아빠

댕댕이는 찌그러진 양은그릇에 담긴 밥을 먹으면서 줄창 집을 지켜야 한다고 생각하며 자랐음. 딸내미 성화로 골든리트리버를 입양한 후 비자발적 댕댕이집사가 되었음.

공실이

입양 직전 즐겨 본 〈주군의 태양〉 여주인공 태공실의 이름에서 따옴. 하지만 죽은 사람은 못 보고 오직 "내 눈엔 언니만 보여!" 하는 민들레형 리트리버임.

동백이

결혼한 오빠의 빈자리를 채워준 유기견.
떠돌이시절 고영희 씨들과 함께 지냈다는
증거를 매번 온몸으로 보여줌. 식빵자세
하기, 갸르릉 거리기, 고독하고 시크하게
소파에 앉아 있기 등의 스킬을 시전함.

이푸른

책에 관련된 것이라면 뭐든 좋아하는 책
러버. 아빠를 비자발적 집사로 만든 일등
공신. 홈스쿨링을 하며 공실이를 데려온
순간부터 아빠의 비자발적 인생이 시작됐
기 때문임.

“이공실, 뛰지 마!”

“이동백, 또 오줌 쌌지!”

우당탕.

SSG. 슉.

1년 365일 단 하루도 조용한 날이 없는 우리 집. 이게 다 전주 이씨 문중 덕천군파 이공실과 이동백 덕분입니다.

공실이와 동백이는 저의 동생들입니다. 하나는 좁은 아파트 마루 위를 운동장인 듯 뛰어다니고, 하나는 여기저기 오줌을 쌉니다. 그 뒤를 제가 쫓아다닙니다. 뜯어말리기도 하고 청소도 하느라고요.

하루는 아래층 아저씨가 물었어요.

“학생네 집엔 대체 식구가 몇 명 살아?”

이공실, 여아, 아홉 살.

이동백, 남아, 여섯 살(추정).

사람 이름을 가졌지만 모두 댕댕이입니다. 울 아버지가 자랑하는 덕천군파 소속인 건 분명하지만, 호모사피엔스가 아닌 탓에 아직 가족관계증명서엔 이름을 올리지 못했어요. "쟤들은 이씨가 아니야, 절대 이씨가 될 수 없어"라는 아버지의 절박한 외침이 들려오는 것 같습니다.

녀석들을 둘러싼 우리 집 역할 분담은 참 불공평합니다. 우쭈쭈 하면서 이뻐하고, 간식 주면서 혀 짧은 소리 내는 건 엄마랑 제 몫이고요. 아침저녁으로 밖에 나가 볼일 보게 해주고 산책하고 씻기고 털 깎는 것은 아빠 몫이거든요.

울 아버지가 댕댕이 사랑꾼이냐고요?

천만의 말씀입니다. 아빠는 댕댕이를 좋아하지 않아요. 아니, 좋아하지 '않았'습니다. 아빠는 "모름지기 댕댕이란 마당에 거주지를 등록하고, 육해공군이 섞인 짬뽕밥을 먹으면서 댕댕이답게 커야 한다"는 신념을 고수하는 사람이었거든요. 아빠가 어렸을 적 살던 시골 마을의 시고르자브르들은 다 그렇게 살았다나요? 아빠는 아직도 공실이가 엄마 방에 들어가 잠을 자거나, 퇴근하고 들어오는 엄마에게 달려가 침 튀기며 얼굴을 핥아대면 소리를 꽥 지릅니다.

"$%#@&$%#@&!"

그런 아빠가 달라지기 시작한 것은 솜뭉치 동백이가 우리 집에 오고 나서입니다.

"이리 오너라!"를 외치던 우렁찬 덕천군의 목소리는 온데간데없이 어느 날부터인가 "동배기가 배고파쩌요?"라는 이상한 나라의 목소리가 등장한 거예요.

물론 공실이에겐 여전히 "오지 마, 털 날려!" 하면서 손을 휘젓지만요. 차별대우 금지라고 잔소리하면 그제야 겨우 공실이 이마를 손가락으로 툭툭 만져주는 척합니다. 1초 후 "아유 냄새! 저리 가!!"는 기본이죠.

〈나는 개가 정말 싫어: 어쩌다 집사가 되었지 말입니다〉는 1년 365일 댕댕이 집사로 살아가는 우리 아빠의 일상 이야기입니다. 주인공은 아빠와 공실이, 동백이고요. 저는 조연이자 관찰자이자 독자님들께 이야기를 전달하는 역할입니다. 엄마는 간식공급기로, 결혼해서 독립한 오빠는 훈련조교로 깜짝 출연할 예정이에요.

반려동물과 함께 사는 독자라면 분명 우리 집 이야기에 공감하실 거예요. 본인은 댕댕이에 관심이 1도 없는데, 식구들 성화에 못 이겨 댕댕이를 들인 분이라면 더욱 격하게 공감하실 거고요.

제가 댕댕이들 키우느라 고생하는 아빠 이야길 쓸 거라고 했더니 벌써 많은 분이 이런 부탁을 하셨어요.

"내 이야기도 넣어 줘."

"나도 알고 보면 불쌍한 사람이에요."

"나는 희생자라고!"

"애들이 나만 미워해."

네, 그분들의 목소리도 조금씩 담았습니다.

댕댕이를 '찌그러진 양푼밥 먹으며 집 지키는 살아있는 CCTV'쯤으로 여겼던 21세기 덕천군이 점점 달라지는 모습, 이제 만나러 갑니다.

'비자발적' 집사에서
'자발적' 집사로

아빠 세상에 개는 집을 지키는 진돗개가 전부였죠.
하지만 어느새 공실이와 동백이를 가족으로 받아들이고, 사랑을 쏟는
'자발적' 집사가 되었습니다. 그 변화 과정을 한번 따라가 볼까요?

눈 빨간
사춘기

제 별명은 전과4범이에요. 세 번이나 학교 탈출을 시도한 끝에 네 번째 마침내 성공했다고 오빠가 붙여준 이름입니다. 범생이가 많은 우리 집에서 유일한, 이른바 전설의 탈'교'자죠.

식구들은 '유난히 겁 많고 소심한 아이가 학교 문제 앞에선 천둥의 신 토르 저리 가랄 정도로 용감무쌍'했다고 입을 모읍니다.

제가 처음으로 땡땡이친 장소는 아파트 계단이에요. 때는 초등학교 3학년, 너무나 학교에 가기 싫었던 저는 아파트 비상 계단에 숨어 앉아 부들부들 떨며 버텼습니다. 아빠가 담임 선생님 전화를 받고 나오는 바람에 다행인지 불행인지 은닉 시간은 줄어들었지만요.

NO 학교
탈'교'자
이푸른
GO!!

　시간이 흐르면 학교랑 정도 들겠거니 했지만, 학교는 여전히 재미없었고 친구들은 별로 친절하지 않았고, 덕분에 저의 탈출 행각은 더욱더 대담해졌습니다.

　학년이 올라갈수록 "학교란 무엇인가? 왜 우리는 학교에 꼭 가야 하는가?" 고민하는 '척'하며, 걸핏하면 복통을 불러오는 신공도 겸비하게 되었죠.

오늘 별로 학교 가고 싶지 않다.

배 아파라, 배 아파라…….

우리 집은 엄마가 밖에 나가서 일하고 아빠는 집에서 일하는 구조입니다.

엄마는 책 만드는 일을 하고 아빠는 학생들에게 수학을 가르치거든요.

우리는 가족회의 끝에 몇 달간에 걸친 '이푸른 등교 거부 사건'의 종지부를 찍었습니다. 홈스쿨링을 하기로 했죠. 그나마 다행인 건 무서운 엄마 대신 딸바보 천사 아빠랑 홈스쿨링을 하게 되었다는 것. 저는 행복에 겨워 콧노래를 부르며 시간표를 짰습니다.

월: 달리기 영어공부 책읽기

화: 배드민턴 치기 책읽기

수: 수영 영어공부 책읽기

목: 달리기 수학공부 책읽기

금: 배드민턴 치기 책읽기

토, 알: 놀기

그러나 저의 홈스쿨러 생활은 생각처럼 순탄하지 않았습니다. 아빠는 천사 날개를 떼어버린 듯 저에게 잔소리를 쏟아냈고, 세상 두려울 것 없는 사춘기 소녀는 아빠에게 한마디도 지지 않았어요.

우리 부녀는 날마다 싸웠고, 그 싸움은 꼭 제가 울어야만 끝났습니다(부녀지간엔 울면 지는 게 아니라 울면 이기는 거예요! 세상의 모든 아빠는 딸의 눈물에 즉각 무너지는 법이니까요).

가슴이 심장이
두근두근

홈스쿨링을 시작한 지 한 달 되었을 때, 아빠가 '이씨 가문의 학교 밖 청소년 특별 보호법'을 발표했습니다.

이대로 가다간 부녀지간에 등 돌리는 최악의 사태가 벌어질 수 있다고 판단하여 딸이랑 피 터지게 싸울 새로운 선수를 영입하기로 한 거죠.

호모사피엔스 종이 아닌 카니스 루푸스 파밀리아 종을 들이기로 결정한 거예요.

그것도 황금색 친절견 골든리트리버를요.

아빠와 저는 아침마다 컴퓨터 앞에 앉아 분양 사이트를 뒤적였고, 마침내 남양주에 있는 펜션에서 건강하게 살고 있는 골든 가족을 만나러 가게 되었습니다.

원래 아빠와 저만 다녀오려고 했는데, 엄마와 오빠까지 따라오는 바람에 입양 길이 무슨 가족 나들이처럼 되었죠.

우리는 장장 네 시간을 달려 남양주의 어느 펜션에 도착했습니다. 집 바로 앞에 계곡이 있는 멋진 곳이었어요.

차에서 내려 찌뿌둥한 몸을 풀고 있는데, 어디선가 발랄한 목소리가 들려왔어요.

"안녕하세요! 애기 보러 오셨죠?"

쾌활하고 씩씩해 보이는 언니가 우리를 반갑게 맞아주었습니다. 본인은 대학생인데 부모님을 도우려고 와서 함께 살고 있다, 이번에 어미가 새끼를 많이 낳아서 분양하게 됐다, 아빠는 크림색 리트리버인데 아버지 따라 산에 올라갔고 엄마는

저기 있는 진갈색 리트리버다…… 하면
서 다정하게 설명해주었습니다.

골든 강아지들은 펜션 앞마당 나무 벤치 근
처에서 뛰어놀고, 붉은빛이 감도는 엄마 골든은 아기들을 지
켜보고 있었죠. 엄마와 오빠는 골든 아기들과 노느라 정신이
없었습니다.

"정말 귀엽죠?"

펜션 언니가 말했습니다. 사랑이 가득 담긴 눈길로 골든 아
기들을 바라보는 언니에게 저도 고개를 끄덕였어요.

"네! 너무 너무 귀여워요."

언니가 손가락으로 한 아이씩 가리키며 성별을 알려주었는
데 두 아이가 남아고, 나머지 하나는 여아였어요. 남자 아기들
은 서로 엎치락뒤치락 뒹굴고 여자 아기는 그 주변을 신나게
맴돌았습니다. 저는 가장 활기차고 덩치도 좀 있는 여아가 마
음에 들었어요.

제 마음을 읽었는지 펜션 언니가 덩치를 품에 안고 왔습니다.

"애가 제일 활발하죠? 사람을 엄청 따라요."

내 짝꿍이 될 아이. 바로 이 아이. 저를 바라보는 강아지의 눈빛에서 묘한 신뢰감이 보였습니다. 설명할 수 없는 느낌이랄까요?

언니가 이름을 뭐로 할 거냐고 물었을 때 저는 서슴없이 "공실이요"라고 대답했습니다.

"몽실이요?"

"아뇨, 공실이요!"

펜션 언니는 공실이보다 몽실이가 잘 어울린다고 말했지만, 저는 고개를 저었습니다.

'공실'은 저랑 엄마가 열심히 본방사수 하던 드라마 〈주군의 태양〉에 나오는 여주인공 이름입니다. 엄마랑 저는 공효진 배우 광팬이거든요. 거기선 태공실이었지만, 우리집에선 이공실입니다. 태공실은 죽은 사람의 영혼과 소통했지만, 이공실은 저랑 소통할 거예요.

열심히 모았던 용돈을 입양 비용으로 치르고 공실이와 차에 올랐습니다. 공실이는 뒷좌석에 앉은 오빠 품에 안겨 어느새 잠이 들었죠. 오빠가 차에서 내리자 공실이는 제게 꼬리를 흔들며 다가왔습니다.

보드라운 털, 씻지 않은 댕댕이 특유의 냄새…….

공실이는 코를 킁킁거리더니 제 무릎으로 올라왔어요. 부숭부숭한 털에 처진 두 눈이 어린 북극곰 같았답니다.

하이, 공실!

멍 멍 멍!

그 많던 과자는
다 어디로 갔을까?

오랜만에 서짱이랑 다짱이 놀러 온다고 해서 동네 편의점으로 달려갔습니다.

수다에 과자가 빠질 수는 없죠. 군것질할 게 있어야 이야깃 거리가 훨씬 풍부해지니까요(평계에 불과하지만 말이죠. 어느새 먹기만 하고 있는 저를 발견하기 일쑤).

허니버터칩, 민물새우깡, 멕시콘칩, 병장스낵…….

과자를 한 무더기 안고 집에 들어서니 공실이가 먼저 달려듭 니다. 얘는 부시럭거리는 건 모조리 자기 간식인 줄 알거든요.

"워워, 이건 언니 먹을 거다!"

부엌에서 과자를 야자나무 그릇에 나눠 담고 있는데 서짱이 들어왔습니다. 공실이가 서짱을 얼마나 격하게 반기던지 친구

끄르르
..

는 과자도 먹지 못하고 하마터면 병원으로 실려 갈 뻔했어요.

우리는 과자가 수북이 담긴 야자나무 그릇 두 개를 방으로 가져왔습니다. 공실이가 옆에 앉아서 침을 줄줄 흘렸죠. 좀 미안한 마음이 들었어요. 먹지도 못하는 걸 보고만 있는 게 얼마나 잔인한 일인지 우리 모두 잘 알잖아요. 프로 다이어터인 저는 늘 공실이의 불쌍한 눈빛에 무너진답니다.

공실이가 좋아하는 말린 오리고기로 녀석을 유인해 거실로 보낸 후 간신히 방문을 닫았지요. 겨우 한숨 돌리고 있는데 다짱이 도착했다며 전화했습니다. 우리는 다짱을 마중 나갔죠.

셋이 현관문을 열고 들어왔는데 바로 튀어나와야 할 공실이가 보이지 않습니다.

뭐지, 이 싸한 느낌?

방으로 들어간 순간……. 서짱과 저는 책상 위에 놓인 헐벗은 야자나무 그릇을 보고 어안이 벙벙해졌습니다. 그릇 안에 수북하던 과자가 하나도 없는 거예요.

서짱과 제가 어리둥절한 표정으로 서로 바라보는데 다짱이 한마디 했습니다.

분노하는 다짱

우리는 세차게 고개를 흔들며 범인 색출에 나섰습니다.

서짱과 제가 밖으로 나간 시간, 집 안에 있었던 것은 아빠와 이공실. 이로써 용의자는 둘로 좁혀졌습니다.

우리는 먼저 아빠를 심문했습니다.

"이원장 씨, 5월 13일 오후 1시, 어디에 있었습니까? 조사해 보면 다 나오니까 거짓말하시지 말고요."

"네??"

"5월 13일 오후 1시, 어디 있었냐고요?"

"아니 뭐, 학생들 가르치고 있었는데요?"

"혹시 따님인 이푸른 양 방에서 뭐 가져간 거 없습니까?"

"뭘요?"

"뭘 가져갔는지는 본인이 더 잘 알 거 아니에요?"

제가 심문하는 사이 서짱은 아빠의 책상 주변을 살폈습니다.

범인은 반드시 흔적을 남긴다!
어딘가에 분명 부스러기가 있을 것이다!

전 성실한
선생예요!!

다들
처음에는 그렇게
얘기하죠.

네?

"푸른아, 아빠는 아닌 거 같아. 주변이 깨끗한데?"

"흠, 이렇게 강력하게 부인하는 걸 보니……."

"이원장 씨, 당신을 용의선상에서 제외하겠습니다. 이제 나가서도 됩니다."

수사가 난국에 빠지려는 찰나, 다짱이 소곤거렸습니다.

"푸른아, 저기…… 아무래도 공실이가 범인 같아."

저는 사건 현장으로 가서 책상 위에 있는 그릇의 위치와 상태를 확인했습니다. 움직임도 없고 주변도 너무 깨끗합니다.

"햐, 이거 어려운데? 심증은 있는데 물증이 없다?"

"피의자를 부르세요, 탕탕!"

서짱이 부드러운 목소리로 이공실을 유인하여 심문실로 데려오자 다짱이 손가락으로 공실을 가리켰습니다.

"저거 봐, 잘 보라구! 입가에 뭔가 묻어 있어, 아무래도 과자 부스러기 같아."

맙소사, 정말로 공실의 입가에 보일락 말락 병장스낵 부스러기가 붙어 있었습니다.

간 부은 댕댕이에게 3일간 언니방 출입을 금한다,
탕탕탕!!!!

인절미가
모찌를 먹었을 때

주인공이 책장 뒤에서 현재의 자신을 지켜보는 게 가능한지 가족끼리 논쟁을 벌이며 엘리베이터에서 내렸습니다(무슨 영화인지 아시죠? 무려 3시간 가까이 되는 러닝타임). 영화관에서 나와 차에 탄 순간부터 토론을 시작했지만, 결국 결론에 이르진 못했어요.

"공실아~"

저는 현관문에 들어서자마자 공실이를 불렀습니다.

"공실아~"

앗, 정적만 감도는 이 상황, 너무나 조용하고 평화로워 보이는 이 풍경……. 왠지 기시감이 느껴졌어요. 외출하고 돌아올 때마다 미친 듯이 뛰어나오던 아이가 안 나올 때엔, 다 이유가 있다!

"공실?"

엄마가 큰 소리로 부르자 마침내 공실이가 모습을 드러냈습니다. 어기적어기적 걸어오더니 엄마 앞에 털썩 엎드렸어요. 오빠가 '인절미'라고 놀리는 바로 그 모습입니다.

순간, 의심 레이더가 풀가동하기 시작했어요. 이것은 평소의 공실이 모습이 아니거든요. 지나치다 싶을 만큼 UP되어 있는 아이가……. 그렇다고 거실에 실수를 한 것도 아닌데.

저는 방에 들어가 서성거렸습니다(파이프를 입에 물고 생각을 정리하는 셜록처럼요).

사건 조사는 시간을 거슬러 올라가는 것부터 시작하죠? 저는 한 장면 한 장면 천천히 되짚어보았습니다.

3 Hours earlier.

일단 엄마부터. 엄마는 부엌 식탁에 앉아 있었어요. TV를 보며 모찌를 먹고 있었죠. 그다음은 아빠. 아빠는 외출 준비를 하느라 안방 화장실에서 머리를 감았습니다. 별로 의심할 만한 특이점이 없으니, 다음으로 넘어갔습니다.

오빠와 저도 알리바이가 있습니다. 둘 다 배가 고파 엄마의

심증1
눈치보는
공실
심증2
쩝
쩝
부러워했던
공실

모찌를 뺏어 먹었거든요. 엄마가 오빠와 제 알리바이를 증명해 준 셈이죠.

그다음, 아빠가 "가자" 하며 안방에서 나왔고, 우리 넷은 현관으로 갔습니다. 공실이는 금세 상황 파악을 하고 눈을 허옇게 치켜떴어요. 자기만 빼놓고 나갈 땐 꼭 그런 표정을 짓습니다. 마치 "또 너네만 나가냐, 치사하게"라고 툴툴거리는 것 같죠.

다 같이 "금방 갔다 올 거야" 하며, 먼치껌을 한 개 물려주고 밖으로 나갔어요.

여기까지가 3시간 전 일입니다.

저는 부엌으로 가서 귤을 먹었습니다(급격하게 머리를 돌렸더니 당이 필요했죠). 그때, 레이더망에 수상한 점이 포착되었습니다. 식탁 위에 하늘색 접시 하나가 덩그러니 놓여 있었는데, 뭔가 굉장히 허전해 보이는 거예요.

저건 뭐지?

접시에 손을 댔는데, 하얀 가루가 묻었습니다. 저는 뉴욕 경찰청 마약수사대 팀장이라도 된 듯한 표정을 지으며 손가락을 입에 넣어보았습니다. 희미하게나마 달콤한 맛이 감돌았어요.

순간, 머릿속에 장면 하나가 번뜩 지나갔습니다. 수사 과정에서 빼먹은 용의자 하나, 바로 이공실입니다.

기억을 더듬어 보니, 엄마가 모찌를 먹을 때 공실이가 발밑에 엎드려 있었던 것 같아요. 그렇다면 공실이가……?

그때 거실에서 오빠가 킬킬대는 소리가 들려왔어요.

"ㅋㅋㅋㅋㅋㅋㅋㅋ"

"야, 이공실! 너 코에……."

누가 먼저랄 것 없이 동시에 식구들이 튀어나왔습니다. 오빠 앞에 공실이가 얌전히 앉아 있네요.

"뭔데 뭔데?"

"이공실!"

저는 일부러 목소리를 높였어요. 그러자 공실이가 고개를 살짝 쳐들고 저를 바라봤습니다. 착한 웃음을 지으면서요. 세상에, 설마가 사람 잡는다더니, 요 녀석 수염에 하얀 가루가 묻어 있는 거예요(익숙한 장면이죠).

이번엔 공실이도 그냥 넘어가지 못했습니다. 댕댕이 몸에 좋지 않은 단것을 저렇게 먹어대다간 큰일 날 게 뻔하잖아요.

물증!!!!
이공실!!!!!!

다 계획이 있었구나

매미가 시끄럽게 울어대는 계절. 어느덧 여름 휴가를 떠날 시기가 다가왔습니다. 우리 가족은 시간 날 때마다 식탁에 앉아 휴가지를 물색했어요. 슬프게도 선택지는 별로 없었어요. '초대형 인절미' 때문이었죠. 공실이를 두고 갈 순 없다며 온종일 인터넷을 뒤지고 전화해봤지만, "강아지는 가능해도 대형견은 안 됩니다"라는 똑같은 대답만 돌아왔습니다. 몇 년 전까지만 해도 반려견 출입이 가능한 펜션은 얼마 없었거든요.

뒤지고 뒤진 끝에 우리는 강원도의 인기 휴양지 고성에서 좀 떨어진 곳에 있는 펜션을 예약하게 되었습니다. 주인아저씨는 이런저런 주의사항을 알려주고는 끝에 이렇게 덧붙였어요.
"개는 데려오면 안 되는 거 아시죠?"

No Dog Zone!

헉. 천장이 무너져내렸습니다.

우리는 진정 떨어져야 하는 운명인가요?

슬퍼하는 제 모습을 본 아빠가 갑자기 의기양양하게 외쳤습니다.

"나한테 생각이 있어. 일단 데리고 가자."

아빠는 며칠 내내 베란다에서 뭔가를 만들었습니다.

"아빠 뭐 해?"

"비밀!"

아빠의 비밀스런 작업은 고성으로 휴가를 떠날 때까지 계속됐어요.

드디어 출발일. 아빠는 베란다에서 웬 커다란 나무 박스를 끙끙대며 끌고 나왔어요. 뚜껑까지 달린 대형 박스였죠. 그런데 크기가 딱……. 그제야 저는 박스의 정체를 눈치챘답니다.

엄마는 인간 짐(밥과 김치를 너무나 사랑하는 아빠가 있어서 챙길 게 무척 많았거든요. 아빠의 얼굴은 고려 벽란도를 드나들던 아랍인 같은데, 식성은 '뼛속까지 한국인'이랍니다. 뭘 챙겼을지는 여러분의 상상에 맡길게요)을 준비하고, 저는 공실이에게 하네스를 채웠어요. 오빠랑 아빠는 낑낑대며 수상한 상자를 자동

차로 운반했지요. 엄마는 만족스러운 얼굴로 박스를 바라보는 아빠를 보며 고개를 갸우뚱했습니다.

"뭘까?"

네 시간 반을 달려 드디어 숙소에 도착했습니다. 아름다운 푸른 바다는 그림의 떡, 우리는 산골 아닌 산골에 있는 펜션 앞에 차를 세웠습니다. 솔직히 펜션 내부는 별로였어요. 크기만 어마무시했죠. 그나마 월풀 욕조가 있다는 걸 위안으로 삼

아야 했어요(엄마만).

짐을 내리는 동안 아빠가 주인에게 가서 방 열쇠를 받아왔습니다. 공실이 정체를 들키면 바로 쫓겨날 게 뻔했기에 우선 오빠랑 저만 들어갔습니다. 엄마 아빠는 뭔가 사 오겠다며 차를 돌렸고요.

"개 없는 거 맞죠?"

어느새 따라온 주인아저씨가 방안을 살펴보며 물었습니다.

"그럼요!"

표정 연기를 못 하는 동생 대신 오빠가 얼른 대답했습니다.

우리는 어두컴컴해질 때까지 기다렸어요. 날 밝을 때 공실 박스를 옮기다가 들키면 차박을 해야 하잖아요.

드디어 때가 되자 아빠와 오빠, 저 이렇게 셋이 슬그머니 주차장으로 갔습니다. 트렁크를 열었더니 공실이가 신이 나서 밖으로 튀어나오려고 했어요. 하지만 얼른 어르고 달래서 박스 안에 들어가라고 했죠. 그러고 나서 아빠와 오빠가 끙끙대며 박스를 내렸습니다. 문 앞에서 망을 보던 엄마 손짓에 우리는 펜션 상륙작전에 돌입했습니다. 모든 작전엔 위장술이 필수여서 우리는 박스 위에 과자류가 잔뜩 담긴 쇼핑백을 올려두었어요.

똑똑!
누,누구세요?

마침내, 방에 상자를 내려놓고 뚜껑을 열자 공실이가 독립 만세를 외치며 뛰어나왔습니다.

그런데…….

누군가 문을 똑똑 두드리는 거예요. 귀 밝은 공실이가 으르렁 소리를 내려고 해서 저는 얼른 달려가 입을 막았습니다. 오빠도 제 옆에서 공실이 몸을 붙잡았어요. 아빠가 제 앞을 막아섰구요. 엄마가 문을 열었습니다.

"이런, 제가 잘못 두드렸네요. 죄송합니다."

주인 아저씨가 미안하다며 발길을 돌렸습니다. 우리는 놀란 가슴을 쓸어내렸지요.

미션 컴플리트!

미션
컴플리트!!

우리집엔
문익점과 장영실이 산다

아빠는 아침마다 솜뭉치 같은 털이 잔뜩 쌓인 거실을 보고 비명을 질러요. 그러고 나서 잔뜩 화가 난 얼굴로 청소기를 갖고 옵니다. 우리 집 아침은 늘 이렇게 시작된답니다.

"저 털 좀 봐, 끔찍하구만!"

아빠는 천식이 심한 엄마를 위해 매일 아침저녁으로 청소기를 돌립니다. 매번 비명을 지르면서요!

"아, 털! 너무 싫어, 저 털!! 이눔의 공실이."

어느 날 저녁, 아빠가 대뜸 엄마와 저를 거실로 불렀습니다. 아빠의 두툼한 손에는 이달 초에 산 신상 청소기가 들려 있었는데요. 엄마와 저는 두 눈을 의심했습니다. 보랏빛 무광에 우아한 자태를 뽐내던 청소기가 너덜너덜해진 채 우리 눈앞에

떡 서 있었거든요.

아빠가 청소기 흡입구 위에 작은 전등을 단 거예요. 전등 주위로 나사못도 삐죽 보였고, 스카치테이프에 까만 고무테이프가 덕지덕지……. 몸통은 반짝이는 새것인데, 흡입구는 산전수전 다 겪은 완전 헌것처럼 보였죠. 새로 구입한 지 일주일도 안 지났는데, 꼭 몇십 년은 사용한 청소기처럼요.

"으아악, 이게 뭐야!"

"아빠, 이거 뭐야?"

"아니 당신은 왜 만날 새 물건을 누더기로 만드냐고?"

아빠는 아무 말 없이 거실 불을 끄고 청소기 흡입구 위에 달린 전등을 켰습니다.

"짠!!"

"??"

아빠가 가리키는 손가락 끝을 따라 6개의 눈동자(공실이는 아빠가 청소기를 꺼내자마자 현관문에 숨어서 지켜보고 있었죠)가 움직였어요. 전등이 비추는 곳에…… 거실 바닥 위에 소복이 쌓인 털들이 하나하나 다 보였습니다.

"헉, 개털 이불을 만들어도 되겠네."

그제야 엄마가 한마디 거들었어요.

"자, 이제 시범을 보여주지."

털들이 마치..
목화씨처럼
흩날린다...

너가 문익점
이냐고ㅠㅠ..
멍!

아빠는 뿌듯한 얼굴로 전구를 단 청소기로 공실이 털을 빨아들이기 시작했습니다. 작고 하얀 불빛 아래 청소기가 이리저리 움직이며 공실의 털들을 흡입했습니다. 아빠는 시꺼먼 동굴에 들어가 탐사 중인 인디아나 존스 같기도 하고, 굴속에 들어간 광부 같기도 하고……

그날 저녁부터 아빠는 방마다 돌아다니며 "자, 내가 또 참상을 보여주지" 하면서 청소기를 돌렸습니다. 크리스마스에 새 장난감을 선물 받은 아이처럼, 매우 신나게 신나게!

팁: 나중에 알아낸 바에 의하면 그 전구는 낚시 가는 아저씨들이 사용하는 낚시용 랜턴을 부수어 새로 조립한 것이라고 해요. 사실 아빠는 발명왕이 아니라 '조립왕'이었던 거예요.

어쨌든
왕!!

와..
부비
부비

개 같은
내 인생

때는 고등학교 여름방학. 친구를 만나고 집에 왔는데, 공실이가 나오지 않았어요.

어, 이 더운 날 어디 갔나? 아빠랑 산책이라도 갔나?

그런데 아빠는 방에 있었습니다. 여름마다 그렇듯이 배를 반쯤 내놓은 상태로 누워 스포츠 방송을 보고 있었어요(전국의 아빠들이 공유하는 국룰인가 봐요. 새하얀 러닝셔츠를 입으면 비로소 '대한민국 아빠'의 패션이 완성되죠).

공실아! 공실아!

몇 번이나 불렀는데도 나타나지 않았어요.

"공실이 소파 밑에 있을 거야! 털 깎았거든!"

아빠의 미소가 왠지 섬뜩했습니다.

세상에, 리트리버가 미용을?! 설마 아빠가?

엄청난 불안감이 엄습했죠.

두근거리는 마음을 달래며 마루에 몸을 착 붙이고 소파 밑을 들여다보았습니다.

허옇고 커다란 기다란 물체가, 민달팽이를 뻥튀기한 것 같은, 고물이 다 떨어져 나간 왕 인절미 같은 물체가…… 희미하게 시야에 들어왔습니다.

간식으로 달래며 겨우 나오게 했더니……

제 눈앞에 새끼 고라니가 한 마리 서 있는 거예요.

어쩔 줄 몰라 하는 공실이의 눈빛은 슬프고 두려움에 가득 차고 막 그랬어요.

"아빠! 이게 뭐야!!!"

꽥 소리를 지르자 아빠가 대답했습니다.

"괜찮구만 뭘. 공실아 시원하지?"

아빠가 천연덕스럽게 말했어요. 하지만 공실이는 몸을 부들부들 떨 뿐 아무 대답도 하지 않았습니다.

그날 밤부터 공실이는 이불 없이 잠을 못 자게 되었답니다. 아기처럼 엄마 옆에 몸을 꼭 붙이고 나서야 잠들었죠.

내 거친 생각과
공실이!
소파 밑에 있을 거야.

불안한 눈빛과
설마..
털 깎았거든.

그걸 지켜보는 너어-
ㅠㅠ
아악!!
아빠아!!!!
아빠의 '너를 위해'

폭염으로
아스팔트 바닥 밟기
무서운 요즘이다.

공실이는
'이중모'라서,
엄청
덥단 말이야!
다급한 손짓

그렇지만 사람도
하루아침에
대머리가 되면
슬프지 않을까요..
그 정도로
깎지는 않았거등?!

털을 너무 많이 밀면
좋지 않다고 하네요. ^^;
빗질을 해서
속털을 빼주는 게
낫다고?
SORRY
'털'주범:
털을 훔진죄

달려라
공실

"푸른아 일어나! 운동하러 가자!"

홈스쿨링을 하는 동안 가장 많이 들었던 말일 거예요. 아빠가 아침마다 홈스쿨러의 권리인 늦잠 즐기기를 방해했거든요.

아침 운동으로 공실이와 뒷산에 갔던 아빠는 집에만 있으면 우울해진다며 꼭 저를 끌고 나갔습니다. 산을 죽도록 싫어하는 딸내미를요. 올라갈 땐 그럭저럭 괜찮은데, 가파른 경사를 내려갈 때면 다리가 후들후들 떨려서 저는 산 오르기가 싫어요. 되도록 가지 않으려고 기를 쓰곤 하지만, 아빠의 쏟아지는 잔소리를 견디기란 여간 힘든 일이 아닙니다(사실 아빠 잔소리가 한번 터지면 게임 끝이에요).

사람이 햇빛을
보고 살아야지!

으...

..그래
너는 좋겠지..

철썩

철썩

오늘은 누가 이기나 해보자는 심정으로 이불을 뒤집어쓰고 눈을 꾹 감고 있었어요. 아빠는 절대로 안 봐주겠다고 단단히 작정한 것 같았죠. 방문을 벌컥 열더니 불을 켰어요.

"다시 학교 갈래?"

"알겠어, 간다고!!"

이불을 확 걷었죠. 등산보다 학교 가는 게 훠월씬 싫었으니까요. 학교로 돌아가느니, 지리산을 타는 편이 백배 천배 나았습니다.

이른 아침 산에 가면 사람이 별로 없습니다. 요란한 색깔의 등산복을 빼입은 아줌마, 아저씨들만 눈에 띄어요. 마주칠 때마다 등산스틱을 힘차게 흔들며 반갑게 인사를 건네십니다.

"안녕하세요!"

그 활기참에 저도 엉겁결에 대답하게 됩니다.

"아……안녕하세요……."

간혹 저처럼 억지로 끌려온 듯 인상을 잔뜩 찌푸린 애들을 보면 괜스레 반가웠죠. 대충 아무 옷이나 걸쳐 입고, 삼선 슬리퍼를 찍찍 끌면서, 고개 푹 숙이고 걷는 게…… 아, 동지여!

아빠는 사람이 없을 때면 공실이의 하네스 끈을 풀어줍니다. 그때부터 공실이의 '런타임=스트레스 해소타임'이 시작되

지요. 며칠 동안 집에 갇혀 있던 아이처럼 괴상한 소리를 내며 마구 뛰어다닙니다.

노란색 등산복을 빼입은 아저씨들 한 무리가 지나자마자 아빠는 공실의 끈을 풀었습니다. 공실이는 눈 깜짝할 사이 왼쪽 산비탈 너머로 방향을 틀어 내려가더니, 어느새 시야에서 사라지고 말았습니다.

"공실!!"

공실이가 사라진 곳에서 나뭇잎들이 튀어 오르면서 고라니가 확 튀어나왔어요. 공실이는 흥분해서 "왁왁"거리며 고라니 뒤를 쫓고 있었습니다. 두 생명체는 몇 분 동안 쫓고 쫓기며 숨막히는 장면을 연출했습니다.

"공실! 빨리, 빨리! 얼마나 빠른지 보여줘!"

아빠는 경주마 시합에 돈을 건 사람처럼 마구 소리를 질렀습니다.

드디어 공실이가 고라니 뒤를 바짝 따라잡은 듯싶었는데……, 아차 하는 사이 고라니는 시야 밖으로 사라졌습니다. 너무 흥분한 나머지 공실인 스텝이 꼬였고, 그 찰나의 틈을 타 고라니는 모습을 감춘 거죠. 고라니 추격전은 싱겁게 끝났습니다.

아빠는 돈을 다 잃은 사람처럼 안타까운 듯 공실이를 바라보았죠. 엄청 아쉬웠는지 아빠는 집에 가는 길에도 계속 '아깝다, 아깝다'를 연발했습니다. 공실이는 그저 해맑은 얼굴로 헥헥거렸고요.

추격전 사건 이후로 아빠는 산에 올라가기만 하면 고라니를 찾았습니다.

그러나 고라니는 영영 모습을 드러내지 않았지요.

공실!
빨리! 빨리!!!
형..
아쉽다..
고라니는
공포의 순간이
아니었을까요..
친구..ㅠㅠ

테이큰

그날도 아빠는 저를 일찍 깨웠습니다.

"또 가?"

아빠는 빨리 나오라는 말만 남기고 방을 나갔습니다. 겨울에는 전기요를 따뜻하게 해놓고 이불 속에서 꼬물대야 제맛인데 말이죠. 한숨을 쉬며 주섬주섬 패딩을 꺼내 잠옷 위에 걸쳤어요. 쫄래쫄래 아빠와 공실이를 따라 뒷산에 올랐습니다. 산 곳곳에 눈이 소복했어요. 아빠는 미끄러질까 봐 바들거리며 올라가는 저를 순식간에 앞질렀습니다. 공실이는 미끄러지면서도 성큼성큼 달려나갔고요.

공실이는 끈이 풀리자마자 쏜살같이 산비탈로 내려갔습니다. 아빠와 저는 잠깐 한숨을 돌리던 차였는데, 뭔가 쌔한 느낌

에 공실이 쪽으로 고개를 홱 돌려보았습니다. 역시나, 공실이가 또 사라진 거예요.

애타게 불렀는데도 공실이가 모습을 드러내지 않자 아빠가 산비탈을 내려갔습니다.

"아빠! 저기!!"

아빠를 따라가며 두리번거리던 제 시야에 인절미가 포착되었습니다.

우리 동네 뒷산은 작업을 중단한 흉물스러운 공사장과 연결되어 있는데요, 하필 공실이가 그리로 달려가 울타리 아래로 몸을 구겨 넣고 있지 뭐예요?

아빠는 제 손가락을 따라 시선을 움직이더니 공실이를 향해 천둥 같은 목소리로 공실을 불렀습니다.

"이공실!!!"

하지만 공실인 뒤도 돌아보지 않고 몸을 비집고 들어가더니 '메롱' 하면서 반대편으로 달려나갔죠. 아빠가 한발 늦은 겁니다.

그런데…… 그때…… 상상을 초월하는 장면이 펼쳐졌어요. 아빠가 거의 2미터에 달하는 공사장 울타리를 훌쩍 뛰어넘은 겁니다. 순간, 딸을 구하려는 일념으로 노구를 날리던 리암 니슨이 보였죠.

액션 영화의 한 장면에 감탄하는 사이, 공실이를 몰아가며 아빠가 소리쳤습니다.

"푸른아, 얼른 잡아!!"

외침과 동시에 울타리 틈새로 빠져나온 공실이가 눈앞을

이공실!!!!

획 스쳐 지나갔어요. 제가 어영부영하는 사이 어느새 나타난 아빠가 "이공실!! 이리 안 와?" 하고 소리쳤습니다.

그제야 사태 파악을 한 공실이는 속도를 줄이더니 꼬릴 감 추고 슬금슬금 걸어왔어요. 그러더니 아빠 앞에 털썩 주저앉 았죠. 아빠는 커다란 손으로 공실이 몸을 우악스럽게 잡은 다 음 줄을 채웠죠.

공실이는 집으로 돌아가는 내내 아빠의 호통에 시달렸습니다.

그날은 아빠와 공실의 새로운 면모를 발견한 멋진 날이었 습니다.

순둥순둥한 얼굴 뒤로 여포처럼 무지막지한 힘을 숨기고 있었다니, 공실아 너 정말 어메이징해.

아빠, 연로한 리암 니슨이 딸 구하러 달리는 열차에 막 올 라타고, 아슬아슬 이단 옆차기 날리고 그러던 거, 아빠한테도 가능한 일이었군요. 맞죠?

왠지 흐뭇한 탈'교'자

시커먼
이빨

방에 틀어박혀 컴퓨터 게임에 빠져 있던 어느 날이었습니다. 공실이가 우리집에 온 지 일주일 정도 되었을 때죠. 제 옆에 얌전히 엎드려 있던 공실이가 갑자기 거실로 튀어 나갔습니다.

장난감 가지러 갔나?

대수롭지 않게 생각하고 다시 게임에 열중하고 있는데, 공실이가 들어와 저를 툭툭 쳤습니다.

"뭐 하고 왔어?"

머리를 쓰다듬었더니 공실이가 혀를 길게 늘어뜨리고 활짝 웃었습니다.

"어, 근데 이게 뭐지?"

공실의 하얀 이빨 사이에 무언가 끼어 있는 거예요. 김처럼 새까만 게…… 공실이가 훅훅 숨을 내쉴 때마다 이상한 냄새가 났습니다. 그러고 보니, 조금 전부터 어디선가 낯설지만 익숙한 냄새가 코끝을 맴돌았는데요.

설마……?

불안한 마음에 의자에서 튕겨 나와 거실로 나갔습니다.

기다란 책상 밑에 시커먼 물체가 있습니다. 저……저것은…… 분명!

공실 이빨에 끼어 있던 꺼먼 이물질이 머릿속을 스쳐 지나가는 순간, 저는 시커먼 물체 위에 난 선명한 이빨 자국을 보고 말았습니다.

불길한 예측은 왜 언제나 들어맞는 걸까요?

또……똥……!

기다랗고 까만 똥 덩어리가 저의 오감을 사납게 자극했습니다.

"이공실!!"

공실이는 일찌감치 불상사를 예견하고 도망간 뒤였습니다.

"지금부터 수습을 시작한다."

우선 빨래집게로 코를 막았죠. 수술대에 선 의사처럼 빨간 고무장갑까지 준비 완료.

두루마리 휴지를 양손에 둘둘 말고는 똥을 손으로 쓸어모 았습니다. 준비한 휴지로는 어림없었어요. 거의 두 통을 다 써서 겨우 치우고 나니, 온 집 안에 지독한 똥 냄새가 가득했죠.

아빠가 들어왔을 때 만일 냄새를 맡는다면……. 절대 안

하얗게 불태웠어..

돼! 저는 거실 창문을 활짝 열고 선풍기를 강풍으로 돌렸습니다. 똥 싼 자리에는 락스를 들이붓다시피 했지요. 대형참사를 저지르고 숨어버린 공실이를 저주하면서.

이제는 머나먼 과거 일이 되었지만, 공실의 이빨을 볼 때마

다 아직도 섬찟합니다. 그때 아빠가 곁에 있었다면 어떻게 됐을까?

으으, 분명 3차대전이 벌어졌을 거야. 상상만 해도 아찔합니다.

그때만 해도 아기여서 그랬는지 아무 곳에나 찍찍 똥을 싸댔는데, 언제부터인지 공실이는 바깥에서만 배변을 해결합니다. 호호호, 새삼스레 대견해 보이네요.

대목
이원장

주말 아침. 갑자기 요란한 드릴 소리가 들려와 눈을 번쩍 떴습니다. 또 아빠였죠. 거실로 나가 보니, 아빠가 창문 앞에서 부지런히 뭔가 만들고 있었습니다. 공실이는 드릴 소리가 무서운지 신발장 앞에 몸을 잔뜩 웅크린 채 엎드려 있었고요. 흰자위만 보이는 눈으로 저를 힐끗거리면서요.

'언니, 나 무서워…….'

"이게 무슨 소리야!"

저는 방에서 나오자마자 대뜸 신경질을 냈습니다.

"미안. 시끄러워서 깼구나!"

아빠는 목수처럼 오른쪽 귓바퀴에 연필 하나를 꽂고 있었습니다. 드릴, 드라이버, 스패너, 펜치, 사포, 망치……, 거기에 나무 부스러기까지 마루 바닥은 동네 목공소를 그대로 옮겨

'층간' 소음이
아니라

'거실' 소음 때문에
못 자겠어요..

놓은 것 같았습니다.

아빠는 한쪽 손엔 무지막지한 전기톱을, 다른 손엔 나무 합판을 들고 있었습니다.

세 시간 정도 지났을 무렵. 아빠가 방문을 똑똑 두드렸습니다.

"잠깐 나와 봐!"

거실 한가운데 웬 나무집이 덩그러니 놓여 있었어요.

"공실이 집이야. 멋있지?"

원목으로 지은 고급스러운 집. 우리 가족이 짓고 싶어 하는 나무집……에 공실이가 먼저 입주하는 건가요?

"공실! 들어가! 들어가!"

아빠가 아무리 외쳐도 공실이는 집에 들어가려 하지 않았습니다. 억지로 밀어 넣으려 해도 꿈쩍하지 않았어요. 몇 차례 실랑이 끝에 애를 간신히 밀어넣는 데 성공했지만, 안도하는 그 순간 공실이는 바로 빠져나와 냅다 도망갔어요.

저는 낄낄 웃었고, 아빠는 잔뜩 실망해서 괜히 공실이를 야단쳤습니다.

그날부터 '공실용 전원주택'은 베란다 한구석 에 처박혀 잡동사니 보관창고 노릇을 하고 있 답니다.

금같은
주말 아침을
사용해서,
집을
만들어줬더니..!!
에휴..
개시러우우

물이면
다 좋아

공실이는 우리집 공식 '물러버'입니다. 물 없이 절대 못 살거든요. 밥보다 물. 하루에 밥 한 알 안 건드려도 물은 마십니다. 샤워할 때도 호스에서 나오는 물을 몸 닦는 내내 핥아요. 특히 산책이라도 갔다 오면 '물앓이 증상'이 더욱 심해집니다. 분명 몇 초 전에 줬는데도, 한 방울도 마시지 않았다는 표정으로 물을 달라고 물그릇 앞에 앉아 있거든요.

공실의 '물앓이 증상'은 역사가 길어요. 아기 때부터 어딜 가든 물 먼저 찾았습니다. 그래서 우리 가족은 호숫가로 산책 가는 날이면 특히 긴장하곤 했습니다. 공실이가 언제 물로 뛰어들지 모르니까요. 물가로 다가갈 때면 흥분해서 씰룩대는 공실이의 근육놀림이 하네스를 잡은 제 손까지 전해질 정도였으니, 정말 물러버림에 틀림없어요. 물론 요즘은 확실한 가르침(공실이가 강가에서 흠뻑 젖은 채로 나와 몸을 부르르 털 때마다 아빠가 엄청……. 여기까지만 말해도 아시겠죠?) 끝에 습득한 명령어 덕에 의젓하게 참아내지만 말이죠.

그러나 물을 향한 공실의 사랑은 여전히 계속되었습니다.

어느 한가로운 주말. 저와 아빠, 공실 셋이서 주택가를 걷고 있었습니다. 주위엔 맨 논밭뿐이었죠. 레고 모양 집부터 '아기 돼지 삼형제'에 나올 법한 벽돌집까지 두루 구경하는데, 저희 눈을 사로잡은 집이 딱 보이는 거예요. 전체를 하얀색으로 마감한, 작고 귀여운 정원이 딸린 집이었습니다. 지붕에 그리스

풍 붉은기와를 얹은 모습을 보고 있자니 산토리니에 간 것만 같았죠. 둘이 이러쿵 저러쿵 품평을 하고 있는데, 어디선가 '첨벙' 소리가 들렸습니다.

"어, 공실이?"

이번에도 불안이 적중했습니다. 어쩐지 너무 조용하다 싶었죠.

공실이는 우리가 구경 중이던 집 바로 건너편 논에 들어가서 첨벙첨벙 물놀이를 즐기는 중이었습니다.

"이공실!!!"

아빠의 외마디 소리(뭉크의 '절규' 그 자체였습니다)를 듣더니 공실이가 슬금슬금 기어 나왔습니다.

우리 앞에 선 공실의 모습은…… 그야말로 대참사였습니다.

그런데 너무 웃겼어요. 온몸에 진흙을 묻힌 꼴이 꼭 '101마리 달마시안'에 나오는 애들 같았거든요. 아빠 퐁고가 납치된 아기들 구해오느라 일부러 잿더미에 몸을 굴리게 해서 이웃집 토토로 검댕이처럼 만들었던 장면이 있는데, 눈앞의 공실이 모습이 딱 그랬거든요.

그날 공실이는 아빠에게 '강제 연행'을 당했는데, 아빠는 공실이를 끌고 집에 들어서는 순간까지 마구 잔소리하고 혼을 냈습니다. 공실이는 물론 곧장 욕실로 끌려 들어갔지요.

첨벙!
심장 철렁하는 소리

대환장
물쇼

엔드리스
러브

공실이는 물만 좋아하는 게 아닙니다. 그 아이의 사랑엔 호모 사피엔스도 포함되지요. 적당히 사랑하면 괜찮은데, 공실이의 사랑엔 '우선 멈춤'도 없고 '거리두기'도 없습니다. 게다가 한덩치 하는 탓에 엄마나 저는 공실이랑 단 둘이 산책을 나갔다가 곤혹을 치른 경우도 많았습니다.

사실 공실이는 순수 결정체예요. 하지만 겉모습만 보고 지레 겁을 집어먹는 사람들이 많습니다. 한 번은 공실이가 어떤 할머니를 향해 막 달려가는 바람에 저도 끌려간 적이 있어요. 제 손의 순간 파워력을 최상으로 끌어올려 참사를 막았지만, 할머니는 무척 놀라신 눈치였죠.

"줄 좀 똑바로 잡아요!"

저는 일이 터지지 않은 것만으로도 감사할 따름이었습니다.

그러던 어느 날. 심각한 사건이 터졌습니다. 오빠와 저는 밤마다 집 앞마당으로 나가 공실이가 볼일을 보게 해주었는데요. 그날도 공실이는 어김없이 풀밭 위를 빙글빙글 돌더니 바로 큰일을 해결했습니다. 오빠가 핸드폰 플래시를 비추며 똥을 치우는 동안 제가 공실이를 잡고 있었죠. 그런데 제가 깜빡 녀석의 괴력을 잊은 채 줄을 느슨하게 잡고 있었던 거예요.

"어" 하는 사이 공실이는 이미 누군가를 향해 달려갔고 순간 "으악!" 하고 남자의 비명이 울려 퍼졌습니다. '따닥' 하며 무언가 떨어지는 소리도 들렸어요.

오빠와 제가 급히 달려가 보니 공실이는 앉아서 막 꼬리를 흔들며 웃고 있었고, 남자분은 화를 내고 있었습니다. 놀라서 피하려다가 휴대폰을 떨어뜨렸고, 액정이 다 나갔다는 거예요.

저와 오빠는 죄송하다고 말씀드리고 보상해드릴 테니 전번을 달라고 했습니다.

다행히 액정값 변상하는 것으로 일은 마무리되었지만 이번엔 공실이 대신 저랑 오빠가 엄청나게 혼났습니다.

온갖 잔소리가 날아들었죠. 그러게 왜 네가 줄을 잡았냐, 차라리 똥을 네가 치우지 그랬냐…….

공실이의 호모사피엔스를 향한 짝사랑은 언제쯤 끝이 날까요?

그리고
이러한 안전거리는
동물들에게도 존재한다.

눈으로만
예뻐해주세요.

유리창
두드리지 말아
주세요.

사랑하니까
거리를 두어야 돼.

..라는 말은
모순적으로
들릴 수 도있겠지만

이 사랑의
거리두기로

세상은 오늘도
평화롭다.

사랑의 안전거리 -끝-

니, 정체가
뭐야

반려견 집사분들에게 한 가지 여쭤보고 싶습니다. 반려견이 인간 음식을 훔쳐먹은 적이 있나요? 고개를 끄덕이시는 분들도, 갸웃거리시는 분들도 있을 텐데요. 공실이의 위는 천하무적입니다. 녀석은 정말 위대하고 '위강'합니다. 과자, 모찌, 크림빵, 소보로까지. 누가 서양 출신 아니랄까 봐 밀가루로 만든 건 모조리 좋아해요. 공실이랑 똑같이 밀가루 음식을 탐하는 엄마의 손길을 호시탐탐 노리지요. 하지만 엄마는 호모사피엔스 공실이는 댕댕이. 댕댕이에겐 단것이 '금지된 사랑'이잖아요.

어느 날, 미루고 미루던 외식을 나갔습니다. 으레 그렇듯 저는 공실에게 간식(모든 집사가 반려견을 회유하는 방법이죠)을 주면서 이마에 힘을 주었죠(거짓말을 들키지 않으려고요).

"금방 다녀올게."

"언냐, 거짓말 좀 작작해."

공실이는 한숨을 푸욱 쉬더니 잽싸게 닭육포를 물었습니다. 그사이 저는 현관을 빠져나왔죠.

"아, 초코파이!"

한참 지난 뒤에야 저는 초코파이를 식탁 위에 두고 온 게 생각났습니다. 오빠는 아무 일 없을 거라고, 아무리 공실이라도 껍질을 깔 수는 없을 거라고 말했습니다.

저희 넷은 뷔페식당에서 정말 오랜만에 실컷 먹었답니다. 공실이를 두고 왔다는 죄책감은 초밥과 함께 사라졌어요. 그래도 엄마는 미안함을 떨치지 못했는지 살점이 많이 붙은 폭립을 몰래 냅킨에 쌌습니다.

호호 깔깔.

배를 두드리며 집으로 들어왔습니다.

그런데…….

공실이가 또 모습을 감췄습니다. 순간 데자뷰가 펼쳐졌죠. 저는 부리나케 부엌에 가보았습니다.

역시, 초코파이가 없어졌습니다. 그렇지만, 포장된 초코파이를 어떻게……?

"어, 이거 봐!"

아빠 목소리가 집 안에 울렸습니다. 거실로 가보니 바닥 한가운데 초코파이 껍질만 덩그러니 남아 있는 거예요. 오빠가 부드러운 목소리로 공실이를 불렀습니다. 공실이는 귀신같이

아 맞다!!
초X파이!!!
에구머니나!
포장이니까
괜찮을거예요.
그,그렇겠지?
?
아버님은
초코파이가
싫다고 하셨어..
공실이에게 - 디에이디(d.a.d)

1. 공실이는 대형견
2. 그나마 적은 초콜릿의 양
참 다행이야.
..때문에 괜찮은 것 같긴 한데,
과연 포장지는 어떻게 깠을까..?

알아듣고 안방 구석에서 어기적어기적 걸어나왔습니다.

그러고는 또 우리 앞에 털썩 엎드려 한숨을 푹 쉬더군요.

저와 오빠에겐 이 상황이 너무나 신기했습니다. 지난번에 공실이가 초콜릿을 먹고 죽을 뻔한 적이 있었거든요. 계속 웩웩거리며 토하고 난리를 피웠던 터라 도무지 믿을 수 없었죠. 초코파이는 초콜릿보다 두 배나 큰데, 정작 공실이는 아무렇지 않아 보였으니까요.

아무리 생각해도 의아했습니다. 지금도 여전히 해결하지 못한 문제고요. 경험이 많고 현명하신 반려견 집사분들께 묻고 싶어요.

공실이는 위가 튼튼해서 무사했던 걸까요, 아니면 초코파이의 '초코'엔 초콜릿 성분이 거의 없는 걸까요?

공실이의 정체도 초코파이의 정체도 몽땅 궁금합니다!

오빠가
결혼식 올리던 날

아침부터 저희 집은 외출 준비로 분주합니다. 오늘은 정말 특별한 날이거든요. 하나뿐인 나의 오빠, 띠동갑 나의 오라버니가 결혼식을 올리는 날이거든요.

우리 모두 한껏 멋을 냈습니다. 엄마는 며칠 전에 헤어샵에 가서 핑크와 보라가 섞인 오묘한 빛깔로 염색까지 했답니다.

보통 양측 혼주들은 한복을 입지만, 저희 가족은 한복 대신 양복을 입기로 했어요. 원래 엄마는 우아한 하늘색 드레스를 입고 챙이 넓은 모자를 쓰고 싶어 했는데 아쉽게도 포기했습니다. 몇 주 전부터 돌입한 다이어트에 실패하고 말았거든요. 대신 검은색 상하의를 입고, 가슴에 꽃을 달았습니다. 아빠는 새로 장만한 양복을 입었고요. 아빠도 실은 새 양복을

입지 못할 뻔했습니다. 매일 밤 맥주를 마시는 바람에 배가 어마어마하게 나온 상태였거든요(모든 아빠의 습관 같아요. 매일 밤 맥주 한 잔…… 어떤 날엔 소맥을 즐기시죠). 아빠는 배에 힘을 주고 겨우겨우 지퍼를 잠갔습니다.

저는 연한 파란색 하늘하늘한 나시 드레스를 입었습니다. 자잘한 꽃무늬가 박힌 에스닉풍이었죠. 오빠가 결혼 기념으로 사준 옷이랍니다.

오늘의 주인공, 오빠도 깔끔한 양복을 차려입었습니다. 앞머리를 고무줄로 묶고 무한도전을 보며 낄낄대던 게 엊그제 같은데, 훤칠한 새신랑으로 변신한 모습을 보니 쫌 어색했어요.

오빠는 준비할 게 많아 먼저 식장으로 떠났습니다. 야외 식당에서 결혼식을 진행해서 하나부터 열까지 꼼꼼히 체크해야 했거든요.

드디어 모두 준비를 마치고 출발했습니다. 물론 공실이도 함께요. 공실이에겐 특별히 제작한 화관을 씌워주었죠.

주차장에 도착해보니 식장은 이미 손님들로 북적였어요. 엄마와 아빠는 신랑 측 자리에 서서 손님들을 맞았습니다. 저는 공실이를 데리고 녀석이 있을 자리를 물색하느라 여기저기 둘러보았고요. 그런데 깜짝 놀랄 일이 벌어졌습니다. 사람들이 갑자기 공실이를 보더니 "와~~" 하면서 환호성을 내질렀거든요. 보는 사람마다 핸드폰을 들고 사진을 찍느라 정신이 없었습니다. 아이들은 공실이에게 달려와 만져도 되냐고 저에게 물었고요.

그 모습은 마치, 흠흠, 연예인을 영접한 '성덕'들 같았습니다. 괜히 뿌듯했어요. 그저 목욕하고 머리에 화환 하나 썼을 뿐

내 결혼식 맞니..?

인데, 이토록 인기 만점이라니. 공실이가 오늘의 두 번째 주인 공으로 등극한 순간이었습니다.

그런데 참 이상해요. 공실이도 오빠가 결혼해서 집에서 나가는 걸 알았나 봐요. 멀쩡하게, 능청스럽게 예쁜 척하던 녀석이 막상 식이 시작되니 갑자기 짖기 시작한 거예요. 저는 하는 수없이 공실이를 데리고 식이 진행 중인 자리에서 조금 떨어진 곳으로 갔습니다. 커다란 나무에 녀석을 묶어두고 둘이 외롭게 결혼식을 지켜봤어요.

결혼식은 예상보다 훨씬 즐겁게 진행됐습니다. 오빠가 다니는 교회 친구들이 와서 축가도 부르고, 재밌는 춤도 추고, 신랑과 신부의 댄스 타임도 있었습니다. 얼마나 열심히 연습했는지, 오빠도 새언니도 춤을 잘 추었답니다.

그 모습을 바라보는 두 여동생의 가슴은 좋기도 하고 왠지 슬프기도 했지만요.

P.S. 공실이와 따로 있던 푸른. 오빠가 언니와 걸어서 식장으로 들어올 때 어찌나 눈물을 흘렸는지. 지나가던 사람들이 걱정할 정도였다고 해요. 오빠에 대한 애정이 이렇게나 클 줄 누가 알았겠어요. 아, 그때를 떠올리니 또 눈물이 나려고 합니다.

만약 제가 결혼한다면 오빠는 과연 어떤 반응을 보일까요?

행복한
결혼식과

하하

호호호

끄
엉
엉

폭풍오열
하는 사람

웰컴 투
마이 홈

어느 날 저녁, 평소처럼 셋이서 밥을 먹고 있었습니다. 엄마가 불쑥 말을 꺼냈습니다.

"우리 댕댕이 한 마리 데려오는 거 어때?"

"또?"

저와 아빠가 동시에 소리쳤어요.

"아니, 중팔이가 없으니까 너무 허전하기도 하고……."

엄마가 제안했을 때, 저와 아빠는 결사반대했어요. 공실이 하나로 너무 벅찼거든요. 저보단 아빠가 훨씬 더 격렬하게 반대했지만.

엄마는 동의해달라는 듯 저에게 눈치를 주었어요. 저는 아빠와 엄마를 번갈아 보았습니다.

"글쎄……."

저는 말끝을 흐리며 결정을 회피했어요. 엄마는 과거의 나처럼 갖은 이유를 대면서 아빠를 설득했죠. 유기견센터에 보아둔 비숑이 있다, 너무 이쁜데 불쌍하지 않느냐, 비숑은 털이 안 빠지는 종이다(털 청소로 고생하는 아빠에게 가장 솔깃한 말일 테니까요), 밥이랑 물만 주면 내가 똥오줌 누이고 씻기는 것도 하겠다(절대로 장담할 수 없다는 게 함정이지만), 천식에도 괜찮다 등등.

아빠는 그래도 아무 반응이 없었어요. 엄마는 씨익 웃더니 핸드폰을 꺼냈습니다.

"얘야, 애!"

"완전 귀엽다!"

탄성이 절로 나왔죠. 핸드폰 액정에서 솜뭉치 같은 강아지가 저를 쳐다보고 있었어요. 흰 털은 군데군데 흙이 묻어 지저분한 갈색으로 보였지만, 귀여움을 가리지 못했습니다.

아빠가 한숨을 쉬었습니다. 결국 항복.

"공실이보단 낫겠지."

며칠 후, 저는 두근거리는 가슴을 안고 아빠 차에 올랐어요. 설레기도 했지만, 한편으로 걱정스러웠습니다. 과연 사람을 경계하지는 않을지, 상처가 아물기도 전에 덧나지 않을지. 제가 알고 있는 정보라고는 비숑 프리제라는 것뿐. 나이도 확

실하지 않았죠. 워낙 오랜 기간 바깥을 떠돌아다녀 정확히 추정할 수 없었거든요.

이름은 당연히 공효진 배우 덕후답게 '이동백'으로 정했어요. 그때 한창 〈동백꽃 필 무렵〉이 유행했거든요.

저와 아빠는 고양시 동물보호센터에 도착했습니다. 창고같이 생긴 거대한 건물이었는데, 문이 두 개라 입구가 어딘지 헷갈려 한참 헤맸어요. 아빠가 직원에게 전화를 걸었더니, 왼쪽에서 문이 열리며 직원이 우리에게 들어오라고 손짓했습니다.

센터는 두 개의 층으로 이루어졌는데, 아래층에는 반려견들이 모여 숙식하는 방이 따로 있었습니다. 저와 아빠는 위층으로 올라가 서류를 작성했어요. 여러 조항이 있었는데, 그중에 '절대로 파양해서는 아니 될 것'이라는 말이 눈에 띄었어요. 덜컥 겁이 났죠.

하지만 아래층으로 내려와 동백이를 만나자 걱정은 다짐으로 변했습니다. 동백이는 저한테 곧장 달려오더니 청바지에 오줌을 흘릴 정도로 사람을 좋아했어요. 정말 사랑스러웠죠.

저는 집으로 돌아가는 내내 다짐하고 또 다짐했어요. 동백이가 받은 상처를 보듬어주겠다고. 끝까지 함께하겠다고.

우리 집으로 온 걸 환영해, 동백아!

귀..

귀여워..
이씨 가족 일동 충격

흰 동백의 꽃말은
'굳은 약속'.
동백아
앞으로 네 손을
놓지 않을게.

똥 뉘,
똥!

배변훈련. 반려견 집사분들의 가장 큰 고민거리가 아닐까 생각합니다. 저도 마찬가지였죠. 공실이가 어렸을 땐 난리였습니다. 녀석은 뭐가 마려우면 그 자리에서 해결해버렸거든요. 게다가 배설물을 그냥 놔두지 않아서 더 문제였죠(여기서 이전 에피소드를 떠올리신 분들이 있겠네요). 동백이도 훈련이 전혀 되어 있지 않았습니다. 어찌나 오줌을 싸는지. 집 안이 조용할 날이 없었어요.

"동백! 이거 뭐야!"

아빠가 우렁차게 외칠 때마다 동백이는 집으로 숨어버렸습니다. 오줌을 질질 흘리면서요. 사방에서 지린내가 진동해 코가 따가울 지경이었습니다. 몇 주 동안 냄새가 빠지지 않았죠. 말하고 또 말하니 그제야 알아들었습니다. 두어 달 후부터 동백이는 드디어 화장실에 볼일을 보기 시작했어요. 동백이를 위해 신문지를 깔고 위에 패드를 올려 만든 전용 화장실에요.

이번에는 큰 볼일을 해결할 차례입니다. 물론 이때도 시간이 제법 걸렸지만, 우리 아빠만의 비법 덕분에 성공했답니다. 아빠는 천하무적 목소리와 공실이 얼굴만 한 커다란 손으로 배변 훈련을 시키는데요. 가장 먼저 적당한 장소를 물색합니다. 무조건 풀과 흙이 있어야 해요. 큰 것을 누고 나면 삽으로 파묻어야 하거든요. 장소가 정해지면 훈련장교처럼 반복해서 외치기 시작합니다. 여기선 리듬감이 핵심 오브 핵심이죠.

"공실, 똥 눠 똥!"
"공실, 똥 눠 똥!"
"동백, 똥 눠 똥!"
"동백, 똥 눠 똥!"

중요한 요소가 한 가지 더 있습니다. "똥 눠 똥!" 하는 동시에 댕댕이를 이리저리 움직이게 하는 것입니다. 그러면 아이들은 원을 그리며 돌기 시작해요. 몇 번쯤 원을 그리며 아빠 구령에 맞춰 돌다 보면 아이들은 몸을 둥그렇게 구부리고 이루 말

똥 눠!
똥백!!!
무념무상

할 수 없는 복잡한 눈빛으로 우리를 바라보죠.

　네, 성공의 순간입니다! 그 모습을 보고 있으면 웃기기도 하고, 대견스럽기도 합니다.

　물론 동백이는 공실이와 성격이 많이 달라서 반복되는 구령훈련에도 불구하고 적응하는 데 시간이 더 많이 걸렸어요.

　하지만 훈련장교 아빠를 피해갈 방법은 없죠. 여러분도 이 방법을 한번 시험해보세요! 의외로 먹힐지도 모른답니다. 단, 리듬감 넘치는 구령과 왕복 걷기를 꼭 함께하셔야 한다는 것, 잊지 마시고요.

동사인볼트

동백이는 제 예상과 달리 우리집에 빨리 적응했습니다. 너무 바깥생활을 오래한 탓인지 집을 무척이나 좋아했어요. 성격도 어찌나 활발한지, 틈만 나면 장난감을 물고 다가와 놀아달라며 꼬리를 흔들었죠. 호기심도 많아서 곳곳에 오줌으로 마킹을 해가며 아주 바쁘게 돌아다녔죠.

먹성도 대단했어요. 떠돌이견으로 살아가느라 언제나 밥이 부족했을 테니까요. 공실이 밥까지 훔쳐먹는 걸 보면서 마음이 짠했답니다.

덕분에 동백이는 날이 갈수록 몸집이 커졌습니다. 나중에는 비숑 프리제라 '털'이 찐 건지, 아니면 실제로 '살'이 붙은 것인지 구분하기 힘들 지경이었습니다.

우리는 미쉐린맨처럼 변해버린 동백이를 데리고 동물병원

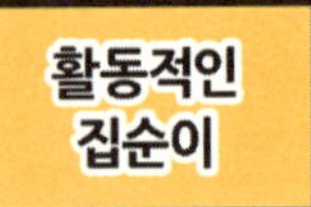
활동적인
집순이

타락한
집순이
=11kg!

에 갔습니다. 실제로, 무지무지하게 살이 쪘더군요. 우리집에 올 때 4.5킬로그램이었던 아이가 겨우 두 달 만에 11킬로그램이 되었으니까요.

동백이는 살이 찌면서 신체활동이 줄어들었습니다. 전용 소파가 생긴 뒤로 더 굼떠졌죠. 장난감을 갖고 놀지도 않았어요. 식빵 자세를 하고 가만히 앉아 있거나 엎드려 자기 일쑤였습니다(지금은 다행히 살은 빠졌지만, 여전히 얌전해요. 늙어서 그런 걸까요? 유기견이라 나이를 정확히 알 수 없거든요).

살이 본격적으로 불어나기 전, 동백이가 펄펄 날아다닐 때가 있었습니다. 워낙 외출을 좋아해 산책하고 나서도 밤마다 밖으로 나가곤 했죠. 우리집 바로 앞에는 인조잔디를 깐 퍼팅장이 있어요. 동백이와 공실이가 러닝타임을 갖는 곳이죠.

사람들이 다 쉬러 들어가면 그곳은 아주 조용한 개인 운동장이 되는데요. 거기 들어가 동백이랑 공실이를 풀어놓으면 게임 끝입니다. 서로 뛰어놀며 알아서 스트레스를 풀거든요. 한참 신나게 놀 때엔 동백이가 괴성을 내지르며 먼저 달립니다. 그러면 공실이가 고라니를 쫓듯 동백이 뒤를 따라 뛰어요. 동백이가 얼마나 빠른지 천하무적 공실이도 그 속도를 따라가지 못하더라고요. 덩치 큰 공실이가 꼭 멧돼지처럼 보이는 순간이었습니다. 날렵한 동백이가 커브에 능한 것과 달리 공실이는 매번 헛발질을 했거든요. 동백이가 빨리 달리다 속도를 확 줄이면 공실이는 그대로 넘어져요. 아주 제대로 꽈당하는 거죠.

저랑 아빠는 둘이 노는 모습을 지켜보다가 그만 웃음을 터뜨렸습니다.

"공실아!!"

약이 오른 공실이는 퍼팅장에 갈 때마다 동백이를 쫓곤 하지만, 결국 포기하고 말더라고요. 동백이는 그 후로 별명을 하나 얻게 되었습니다.

'동사인볼트'.

너무나 잘 어울리는 별칭이죠? 집사 여러분도 반려견에게 붙여준 특별한 이름이 있나요?

댕청미 못지않은 인(?)청미 웃음

얼음 땡

동백이와 공실이는 꼭 얼음과 불 같습니다. 늘 차분하고 사람과 거리를 두려고 하는 동백이는 종종 얼음같이 차갑게 느껴집니다(떠돌이 시절의 상처가 남아 있나 봐요). 아무 때나 만져도 안 되고, 녀석이 '허락'할 때만 우리는 쓰담쓰담할 수 있습니다. 소파 위에서(원래 호모 사피엔스 전용이었는데 동백이에게 소파를 빼앗겼어요) 식빵 자세를 고집하며(너, 댕댕이 맞아?) 시크한 눈길로 우리를 관찰하는 모습. 저희 집 동백이의 공식 포즈랍니다. 동백이를 보고 있노라면 고영희 씨랑 사는 건지 댕댕이랑 사는 건지 헷갈릴 때가 많지요.

공실이는 180도 다릅니다. 누구에게든 격하게 꼬리를 치며 다가가고(본인은 꼬리를 치는 건데 상대방은 꼬리로 맞는 거죠), 커다란 주둥이를 마구 들이밀며 애정표현을 하고, 커다란 두

정말
'개 by 개' 구만.
같은 강아지맞니..?
냉탕과 온탕을
넘나드는 댕댕이들..

발을 어깨에 턱 얹습니다. 심지어 코고는 소리마저 우렁찹니다. 하루종일 365일 에너지가 넘쳐흐르는 공실이는 불이에요.

동백이랑 공실이는 성격만 극과 극인 게 아니랍니다. 차이는 또 있습니다. 공실이는 물을 사랑하지만, 동백이는 '정말' 싫어합니다. 물을 마시긴 하죠. 말 그대로 마시기만 합니다. 물만 있으면 뛰어들려는 공실이랑 정반대죠. 동백이는 물만 보면 피하려고 기를 쓰거든요.

모든 액체를 얼려버릴 정도로 추웠던 어느 겨울. 우리 가족은 임진강 황포돛배 나루터로 드라이브를 갔습니다. 호모사피엔스는 목도리와 패딩으로 몸을 꽁꽁 감싸고, 공실이와 동백이는 열을 뿜어내며 맨몸으로 돌아다녔죠. 강가라 주변이 바위투성이인데도 공실이는 상관하지 않고 마구 뛰어다녔어요.

저는 김말이(검은색 롱패딩, 다 아시죠?)를 입고 동백이와 천천히 걷고 있었는데, 갑자기 제 안에 잠들어 있던 장난기가 발동했습니다. 앞서 걸어가는 동백이를 물끄러미 바라보다 번쩍 안아 들었어요. 동백이는 낌새를 알아챈 듯 버둥댔습니다. 저는 강가로 다가가 동백이를 내려놓았습니다. 모래 위에 살포시 얼음판이 만들어진 게 꼭 논에 만든 썰매장 같았어요. 물이 꽝꽝 얼었으니 괜찮다고, 얼음 위에서 스케이트를 태워야겠다고 생각하면서요.

그런데…….

'빠지직'

얼음에 금이 가기 시작한 거예요. 동백이는 순간적으로 얼어붙었습니다. 거의 패닉 상태에 빠졌어요. 용기를 짜내어 조금 움직인 순간 그만 얼음이 깨지면서 앞발 하나가 쑥 들어갔습니다. 너무 얕아서 발이 닿았지만, 동백이에게는 깊은 물 속에 빠진 느낌이었을 겁니다.

오도 가도 못 한 채 그 자리에 얼어붙은 동백이. 본의 아니게 얼음 땡 놀이를 한 셈이네요.

동백아, 누나가 미안.

너 진짜 물 무서워하는구나! 다음부턴 절대 절대 네버…… 물이든 얼음이든, 장난치지 않을게.

!
꽈당!
개화남
미,미안..
배신감에
찬 표정

어딜 가든
CCTV

"자~ 뭐 하나 볼까?"

아빠는 차에 탄 지 몇 분도 안 돼서 핸드폰을 켰습니다.

"아까 봤잖아!"

아빠는 며칠 전 우리 집에 신문물을 들여왔어요. 이름하여 '반려동물 감시카메라'. 핸드폰에 어플을 설치하면 시시각각 공실과 동백의 행적을 계속 살펴볼 수 있는 일종의 반려동물 전용 CCTV예요.

아빠는 공실이 밥그릇이 있는 벽 위에 카메라를 설치한 다음 의기양양한 얼굴로 제게 말했습니다.

"내가 애네들 얼마나 생각하는지 알겠지?"

내심 칭찬을 바라는 말투였습니다.

"당연히 알지. 아빠 최고!"

하는 수 없이 아빠에게 장단을 맞췄습니다.

그런데 두 댕댕이가 사고 치지 않나 감시하려고 설치한 CCTV 시청이 얼마 안 가 아빠의 취미생활이 되었습니다.

아빠는 걸핏하면 핸드폰에 CCTV 화면을 틀고는 제 얼굴에 들이밀었습니다.

"애네 좀 봐봐."

시도 때도 없이 보여주는 바람에, 버럭 화를 낸 적도 있습니다.

"알겠다고! 그만 좀 보여줘."

제가 짜증을 내면 아빠는 그저 히히 웃기만 했어요.

겉으로는 "아우, 털! 저 털 북숭이!" 하며 공실과 동백을 타박하지만, 아이들을 가장 많이 생각하는 건 역시 울 아빠죠.

그런 것만 봐도 아빠는 정말 따뜻한 분입니다. 귀찮을 텐데도 365일 애들 똥오줌 누이고, 하루 한 시간 동네 산책하고, 목욕까지 시키는 건 온전히 아빠 몫이거든요. 가끔 두툼한 손으로 머리를 꾹꾹 눌러주기도 하고요(이게 아빠가 아이들을 쓰다듬는 방식이에요. 제가 보기엔 고양이가 꾹꾹이를 하는 것 같지만 말이죠).

아빠는 투덜이 스머프처럼 행동하면서 뒤에선 사소한 것까지 다 챙기는 츤데레입니다. 아빠가 이렇게 사랑스러울 줄 꿈에도 몰랐어요!

???
위一잉

하하! 이공실!
넌 내 손(?)안의
강아지야!! 하하하!
하..하..

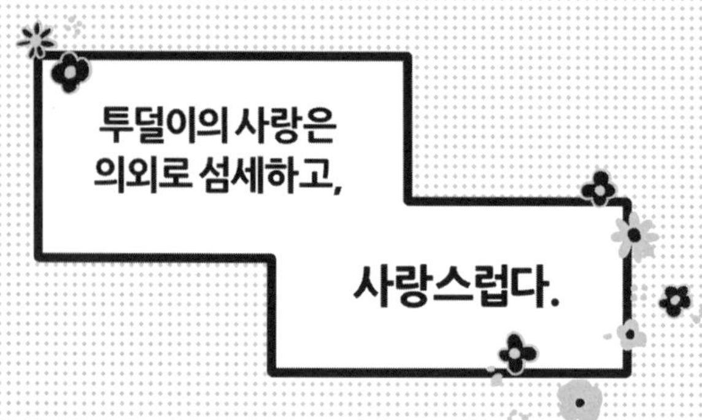

투덜이의 사랑은 의외로 섬세하고,

아빠는
발명왕

오늘도 어김없이 요란한 소음이 들려옵니다. 엄마가 방에서 소리를 질렀어요.

"잠 좀 자자! 좀!!"

이번엔 뭘까. 아빠는 심심하면 항상 거실에서 뭘 만들어요. 그것도 꼭 황금 같은 주말 아침에. 나무로 만든 각티슈 케이스부터 전등 달린 청소기(기억나지 않으신다면 〈문익점과 장영실〉 편을 참고하세요)에 공실이 집까지.

엄마는 아빠가 온 집 안을 잡동사니로 지저분하게 만든다며 짜증을 내기 일쑤예요. 저도 썩 마음에 들진 않지만, 아빠의 취미를 방해할 생각은 없습니다.

왜 항상
아침에만

일을
벌이시냐구요!

주말 아침이
영감이 잘 떠오른단 말이야..

아빠는 땀을 흘리며 거실 책상에서 웬 벽걸이 선풍기랑 씨름하고 있었어요.

"선풍기?"

제 물음에 아빠는 동백이만 흘끔 쳐다볼 뿐이었어요. 동백이는 펑퍼짐한 검은 소파 위에 새초롬하게 앉아 있었습니다(원래 호모사피엔스를 위한 용도였는데, 어느 순간부터 동백이 차지가 되어버려 우리에겐 그림의 떡이지요).

쾅쾅거리는 소리가 몇 번 나더니만 책상 위에 있던 선풍기가 어느새 소파 오른쪽 벽 위에 매달려 있네요.

"여보! 나와 봐!"

엄마가 눈을 비비며 나왔습니다.

"짠!"

아빠는 마치 발명대회에 참가한 초등학생처럼 해맑게 웃었어요. 아빠의 커다란 손은 털털거리며 돌아가는 선풍기를 가리키고 있었지요. 아빠는 시끄러운 소리를 피해 집에 들어간 동백이를 억지로 나오게 하더니 소파에 앉혔습니다. 시연을 해야 한다나 뭐라나.

"어때?"

아빠는 기대에 찬 얼굴로 나와 엄마를 번갈아 보았어요.

역시 엄마의 반응은 제 예상에서 한 치도 벗어나지 않았습니다.

"아이! 또 덕지덕지 붙여놨어!!"

엄마가 일격을 날리고 제가 결정타를 날렸어요.

"어차피 여름도 거의 다 갔잖아!"

아빠는 우리의 맹렬한 공격에도 꿋꿋했습니다.

"저 봐봐! 동백이! 시원해서 좋아하는구만."

정말 그랬습니다. 동백이가 선풍기 바로 밑에서 바람을 쐬고 있었죠.

아빠의 이번 작품도 '성공'이었습니다. 그런데 실은 그게 더 문제입니다. 앞으로 도대체 얼마나 더 이상한 물건들을 만들어 낼지 알 수 없잖아요. 아마 머지않아 저희 집은 이상한 물건들로 가득 차서 발 디딜 공간조차 시원치 않은 골동품상회가 될 것 같습니다. 아빠의 아이디어가 계속 떠오르는 이상, 기상천외한 발명품이 끊임없이 만들어지겠네요.

돈 렛 미 비
미스언더스투드

공실이가 달라졌습니다. 이상할 정도로 물을 많이 마셨죠. 밥은 입에도 대지 않았고요. 처음엔 대수롭지 않게 여겼습니다. 그런데 유난히 기운이 없다는 점이 마음에 걸렸어요. 매일 황소 같은 에너지를 뿜어대던 공실이가 계속 잠만 잤거든요.

"이공실!! 여기서 뭐해!"

어느 날, 수업 중이던 아빠가 소리를 질렀습니다. 얼른 거실로 나가 보니 공실이가 학생들이 보는 앞에서 바닥을 한강으로 만들고 있었어요. 성견이 된 후로는 단 한 번도 실수한 적이 없었는데! 수상한 낌새는 여기서 끝이 아니었습니다.

주말 아침. 우리는 부엌 식탁에서 아침밥을 먹고 있었죠. 공실이는 여느 때처럼 물그릇 앞에서 물을 기다렸습니다. 물을 주면서 공실이를 쓰다듬는데, 눈에 뭔가 있었어요. 투명한 막

공실이가
이상하다.

안 하던 실수까지
하고..

이 양쪽 동공을 뒤덮었죠. 게다가 시뻘겋게 충혈된 채 계속 눈물을 흘렸고요.

"공실이 좀 이상했지?"

엄마의 말에 제가 고개를 끄덕였습니다.

"한 번도 실수 안 하던 애가 학생들 앞에서 오줌까지……."

"아무래도 뭔가 이상해."

아빠가 공실이를 쳐다보며 말했어요. 우리는 공실이를 데리고 병원으로 향했습니다.

병원은 사람들과 댕댕이들로 북적였습니다. 털이 뽀송뽀송한 비숑 프리제, 길쭉한 다리를 뽐내는 스탠다드 푸들, 눈물이 잔뜩 고여 자꾸만 눈을 깜빡거리는 시츄, 파란 눈을 반짝이는 허스키……. 강아지들은 서로 인사를 건네느라 정신이 없었죠. 공실이만 가만히 엎드려 있었습니다.

"이공실 보호자님?"

드디어 공실이 차례가 되었습니다. 의사는 자궁축농증이라는 병명을 내놨어요. 우리 셋은 어리둥절한 시선을 교환했죠. 의사가 일종의 물혹이라며 몇 마디 덧붙였습니다.

"조금만 늦었어도 죽을 뻔했어요. 몸 전체에 염증이 퍼진

상태라 당장 수술해야 합니다."

이렇게 심각한 줄도 모르고 있었다니. 제 자신이 원망스러웠습니다.

공실아, 너한테 언니가 너무 무심했어.

의사는 공실이를 바로 입원실로 데려갔고, 저와 아빠는 수술비를 치렀습니다. 삼 일간 입원 비용까지 합해 총 이백만 원이 나왔습니다.

순간 아빠 얼굴에 갈등의 빛이 지나가는 걸 보고 제가 먼저 이야기했어요.

"아빠, 내가 모아논 거 반 보탤게."

아빠는 잠시 고민하시더니 "그래, 우리 식구인데 해야지." 하면서 수술비를 결제하셨습니다.

저는 집으로 가는 내내 공실이가 잘못될까 봐 울고 또 울었습니다.

다섯 시간 정도 지났을까요? 무사히 수술을 마쳤고, 상태도 좋다는 전화가 걸려왔습니다.

우리는 다시 병원으로 달려갔어요. 간호사를 따라 입원실에 있는 공실이를 보러 갔죠. 공실이는 목에 칼라를 끼우고 힘없이 엎드려 있다가 우리를 보더니 엉엉 울기 시작했습니다.

저도 엄마도 아빠도 그제야 마음을 놓을 수 있었습니다. 그런데 참 이상하죠? 공실이의 무사한 모습을 봤는데도 눈물이 멈추질 않는 거예요.

"그만 울어. 공실이 속상하겠다."

엄마가 제 등을 토닥였습니다. 공실이는 저를 위로하듯, 가까이 다가와 꼬리를 흔들었어요. 공실이를 끌어안고, 무사해줘서 고맙다고 몇 번이고 속으로 되뇌었죠. 공실이를 다시 한번 힘껏 안아준 다음 또 눈물이 나올까 봐 아예 등을 돌리고 재빨리 입원실을 빠져나왔습니다.

삼 일 후, 드디어 공실이가 퇴원하는 날이 되었습니다. 아빠가 공실이를 데리러 입원실에 들어간 사이 저는 접수대에서 기다리고 있었습니다. 그때 간호사가 저에게 말했어요.

"아버님이 하루에도 몇 번씩 왔다 가셨어요."

세상에!

그 한마디에 처음 수술비 문제로 서운했던 감정이 눈 녹듯 사라졌습니다.

아빠는 별다른 말은 안 했지만, 액수를 듣자 "너무 비싸네"라고 중얼거리며 공실이보다 비용을 더 걱정했거든요. 우리 아빠는 그런 아빠구나, 말로는 다 표현하지 못해도 몸으로 사랑을 실천하는 다정한 아빠!

아빠가 공실이와 함께 나왔습니다. 공실이는 저한테 달려들어 목칼라로 다리를 마구 찔러댔어요. 감격적인 상봉을 마친 후 우리는 차에 올랐습니다. 공실이를 뒷좌석에 태우고 집으로 가면서 저는 묵묵히 운전하는 아빠에게 말했습니다.

"아빠, 고마워."

"뭐가?"

"그냥. 다."

저는 아빠의 크고 두툼한 손을 꼭 잡았어요. 세상 그 누구보다 따뜻한 우리 아빠의 손을요.

아버님이 몇 번이고
왔다 가셨어요.

모르셨어요?

좌동백 우공실

공실이와 동백이는 저희 집 최강 귀요미입니다. 너무나 사랑스러운 대체 불가 생명체들이죠. 특히 둘이 잠자는 모습을 보고 있으면 곤히 잠든 아기들을 보는 것 같다니까요? 잠들었을 때만 예쁜 아이들처럼요.

이 두 녀석에겐 사랑스러운 모습도 있지만, 아주 다른 면모도 있습니다. 둘 다 깜짝 놀랄 만큼 야성적인 모습을 보여준 적이 있거든요.

저는 동백이랑 공실이를 데리고 산책하는 시간이 참 좋아요. 물론 공실이는 엄청 무게가 나가고 힘이 세서 감당하기 버거울 때도 많지만, 얌전한 동백이랑 함께 다니면서 뭘 좀 깨달았는지 산책길도 차츰 순조로워졌습니다.

저는 주로 사람이 없는 시간대에 나갑니다. 녀석들과 있으면 정신이 없거든요. 공실이는 냄새 맡느라 가자고 해도 꿈쩍 안 하지, 동백이는 이리저리 사방으로 뛰어다니지. 집에 돌아올 때까지 "동백아, 이리 와!" "공실 가자!" 외치느라 목이 다 쉴 지경이죠.

하루는 사방이 어둑어둑할 때 애들을 데리고 나갔습니다. 평소처럼 평화로웠어요. 그런데 갑자기 우렁찬 공실이 목소리와 함께 어디선가 억억대는 소리가 들려왔습니다.

아, 망했다.

어떤 아저씨가 제 앞에서 심장을 움켜잡고 있는 거예요. 공실이는 아저씨를 보고 계속 으르렁거리고, 동백이도 덩달아 앙칼지게 짖어댔습니다. 저는 너무 놀라서 어쩔 줄을 몰랐지요.

아저씨는 속사포처럼 말을 쏟아냈습니다. 가슴을 마구 두드리며 개 때문에 너무 놀랐다, 줄을 짧게 해야지 이게 뭐냐, 내가 넘어지면 어쩔 뻔했냐, 책임질 거냐…… 하면서 엄청 짜증을 냈습니다(입을 열 때마다 독한 소주 냄새가 풍겼어요). 저는 계속 죄송하다며 고개를 숙였지만, 소용이 없었어요. 그때 갑자기 아저씨가 경비실로 달려가더니만 "경비원 어딨어!"라고 욕을 섞어가며 고래고래 소리지르기 시작했습니다. 어찌나 무서웠는지 저는 아저씨가 정신을 다른 데 판 사이 잽싸게 아

파트 로비로 도망쳤습니다.

놀란 가슴을 진정시키는 동안, 공실이와 동백이는 경호원처럼 왼쪽에 하나, 오른쪽에 하나 떡 앉아서 제 곁을 지켜주었습니다. 든든한 지원군 덕분에 공포감이 서서히 사라졌어요. 한없는 사랑스러움을 뿜뿜 하며 어리광을 부리고 애교를 떨 때

와는 전혀 다른 모습이었습니다.

　조금이라도 저에게 언성을 높이는 사람이 있으면 호위무사
처럼 견주를 지켜주는 공실이와 동백이. 언제나 곁에 있어줘서
고마워!

인간 세상에
있어줘서
고마운
우리 강쥐들
개귀엽다
증말!

아빠가
달라졌어요

동백이가 없던 시절엔 공실이에게 살가운 말을 하는 아빠를 쉽게 상상할 수 없었습니다. 거의 항상 잔소리를 하고 야단을 치셨거든요.

"공실!! 이게 뭐야!"

이건 약과입니다. 아빠의 분노 게이지가 치솟지 않았단 뜻이죠.

"이공실!!! 이리 와!!!!"

제가 강조하기 위해 느낌표 숫자를 늘렸는데요. 저희 아빠의 사나운 얼굴과 동굴처럼 집 구석구석으로 울려 퍼지는 목소리가 연상될 겁니다. 화가 났을 때 반려동물에게 성을 붙이는 건 아빠도 마찬가지인가 봐요. 저도 평소엔 이름만 부르는데 화나면 무조건 성을 붙이거든요. 일부러 심리적인 거리를 두려는 의도로 말이죠. 여러분도 그러시나요?

훠이!
저리 가!!
흡사 짱구와 철수

말투만이 아니었습니다. 공실이는 거의 매일, 틈만 나면 혼났어요. 정말 사소한 일도 포함해서 말이죠. 물을 바닥에 흘리면서 마셨다는 이유로, 밥알을 주변에 흩뿌려서, 속이 안 좋아서 토를 했다는 이유 등등. 공실이의 모든 행동거지가 아빠에게 못마땅했나 봅니다. 아빠는 공실이가 가까이 다가오는 것조차 허용하지 않았어요. "냄새 나, 저리 가!"라며 손을 휘젓곤 했습니다.

그러나…….

동백이가 오고 난 후 아빠는 180도 달라졌습니다.

"우리 귀여운 동백이 잘 잤쩌?"

믿기 힘드시겠지만, 맞습니다. 저희 아빠가 아침마다 동백이에게 건네는 아침 인사예요. 익숙해질 법한데 저는 아직도 무척 어색하답니다. 과거의 아빠와 비교하면 같은 사람이 맞나, 싶을 만큼요. 공실이가 밥을 안 먹으면 신경 쓰지 않았는데, 동백이는 다릅니다. 온갖 맛난 간식과 최고급 사료를 사 오고, 심지어 소고기까지 구워줘요. 공실이는 절대로 꿈도 꾸지 못할 일이죠. 저는 동백이를 우쭈쭈하며 쓰다듬는 아빠의 모습을 보며 공실이를 위로해요. 너한텐 내가 있잖아, 이런 의미로요. 그 모습을 보고 엄마도 고개를 갸웃합니다.

난 분명
개를 싫어했는데..
왜 둘이
됐지..?
둘만의 세상..
정녕 그 이유를
모르시겠습니까

"참 이상해, 아빠들은 왜 작은 개를 좋아하지?"

네, 하지만 오해는 금물입니다. 우리 아빠는 이제 예전의 아빠가 아닙니다. 더는 공실이를 거부하지 않아요. 공실이가 아빠에게 다가오면 두툼한 손가락으로 머리를 살짝 만져줘요. '구린내 난다'는 불평은 여전하지만요.

가장 놀라운 점은 산책이에요. 아빠가 그 좋아하는 자전거 타기를 포기하고 두 아이를 데리고 산책한 지도 어느덧 3년이 다 되어갑니다. 지금 공실이와 동백이는 아빠의 '산책 브로'랍니다. 아빠는 이제 "혼자 나가는 건 너무 심심해"라고 하면서 두 아이를 데리고 비가 오나 눈이 오나 바람이 부나 반드시 나갑니다.

"푸른아, 갔다 올게."

아빠가 저에게 아침마다 건네는 이 한마디는 완전 달라진 우리 아빠의 일상을 단적으로 드러냅니다. 어느새 공실이와 동백이가 아빠의 하루를 일깨우는 동반자가 되었다는 뜻이니까요. 엄마랑 저는 뒷전으로 밀려난 존재가 되었답니다. 하지만 전 상관없어요. 아침마다 댕댕이들을 데리고 산책하러 나가는 아빠를 볼 때마다 흐뭇해지거든요. 공실이와 동백이에게 애정을 쏟는 비자발적 집사님의 모습, 정말 사랑스럽지 않나요?

가랑비에 옷 젖듯이, 강아지와 사랑에 빠진 아빠

외전

앞에서 여러분께 들려드린 에피소드는 전초전이었어요.
아빠의 고달픈 '비자발적' 집사 인생은 오래전부터 시작되었답니다.

외전에 나오는 댕댕이 럭키와 해피 이야기는
지은이가 태어나기 전, 지은이의 오빠만 지구에 있을 때,
우리 가족과 함께 살았던 댕댕이들의 에피소드입니다.
오빠의 기억에 의존하여 이야기를 풀어나가느라
오빠가 들려주는 형식으로 정리했습니다.
부분부분 엄마 아빠가 기억을 보태주었고요.

    푸른: 오빠, 나 태어나기 전에 있었던 댕댕이 있잖아,
            개네들 이야기해줘.
    존풀: 럭키, 해피?
    푸른: 응응. 엄청 웃긴 일 많았다며?
    존풀: ㅋㅋㅋㅋㅋㅋ 개들 이야긴 어메이징하지.

우박처럼 내려온다면

지금으로부터 25년 전, 우리 가족은 대전으로 이사 갔어. 아빠가 다니던 회사는 독일-한국 합작회사였는데, 거기서 청주에 큰 공장과 사옥을 짓고 전 직원이 옮겨 가는 바람에 우리도 대전으로 갔지. 내가 유치원 다닐 때야. 친구도 없고, 아는 사람도 없고, 나는 엄청 심심했어. 그렇게 몇 개월 지나고 나는 초등학교 1학년 학생이 되었어. 초등학교에선 친구가 생겼어. 우리 반에서 문경석이란 아이랑 예지랑 친하게 지내게 되었는데, 애네들 집엔 다 강아지가 있는 거야. 나도 엄마 아빠를 막 졸랐지. 멍멍이 동생이 있으면 좋겠다고.

어느 날이야.

서울 할머니집에 갔다가 우리는 충무로로 갔어. 예전에는 거기 가면 귀여운 강아지들을 분양받을 수 있었거든. 사실 그 때는 그런 애견숍에서 강아지를 사는 게 좋지 않다는 것도 몰랐지. '동물권'이란 개념 자체가 없었던 시절이었으니까.

한 집 한 집 밖에서 구경하는데, 딱 마음에 드는 강쥐가 보

이는 거야. 하나는 황금색이고 하나는 젖소처럼 흑백 얼룩이 었지.

그날 두 녀석은 우리 식구가 되었어.

'너희를 만난 건 대박이고, 그래서 우리는 행복해'라는 뜻으로 황금색 여자애에겐 해피, 흑백 얼룩이에겐 럭키라는 이름을 붙여주었어. 해피는 잉글리쉬 코카스파니엘, 럭키는 아메리칸 코카스파니엘이라고 해.

애네들은 정말 천사처럼 귀여웠어.

그런데 활동량이 엄청났어. 애네들이 아기일 때엔 유명한 악동이라는 걸 그땐 몰랐지.

엄청 먹어대고(그러니까 그렇게 많이 싸지), 아무 데나 싸고, 휴지 풀고, 엄마가 애지중지하는 라탄의자 다리 물어뜯고, 소파 손잡이 갉아 먹고……. 암튼 날마다 전쟁을 치러야 했어.

그러거나 말거나 나는 유치원 갔다 오면 걔네들이 딱 있어서 너무 좋았지. ㅋㅋㅋ 오줌 똥은 엄마가 치웠거든.

하루는 외할머니가 사촌동생 민을 데리고 놀러오셨어. 그때 민이는 기저귀 차고 보행기 타던 아기였는데, 우리집에서 며칠 놀다 갔어. 그때 그 일이 벌어진 거야. ㅋㅋㅋㅋㅋ …… 아, 지금 생각해도 진짜 웃겨.

?
마치
헨젤과 그레텔
쩝쩝

민이는 보행기 타고 뭘 계속 먹었어. 과자도 먹고 빵도 먹고 그랬는데, 가만히 앉아 먹는 게 아니라, 집 안 여기저기를 다니면서 먹었거든. 근데 아직 아기니까 입에 들어가는 것보다 마루에 흘리는 게 더 많았지.

울 강쥐들이 그걸 눈치챈 거야.

어느 순간 럭키 해피가 민이 보행기 안에 자리를 잡더니, 떨어지는 간식을 날름날름 받아먹는 게 아니겠어? 그 모습을 너도 봤어야 하는데! 럭키는 자리가 좁다고 여겼는지 몇 번쯤 과자를 받아먹다가 나오더라고. 해피는 계속 남았고. 그런 면에서 해피는 매우 끈기 있는 소녀였지.

정말 웃긴 일은 그다음 날 벌어졌어.

애들이 기저귀 차고 움직이다 보면 막 헐거워지잖아. 그런데 하필 민이가 왔다 갔다 하면서 황금똥을 싼 거야. 작고 단단한 똥덩이가 기저귀 밖으로 툭 떨어졌고, 어떻게 되었겠니?

ㅋㅋㅋㅋㅋㅋ 상상에 맡길게.

나는 그 장면을 목격하고 "이~유, 엄마! 해피가 똥 먹어" 하고 냅다 소리를 질렀지.

"우우, 똥 먹는 강아지라니!"

그 얘기를
왜 쵸코 케이크
먹을 때 하는 건데..!!!
식사 중인 분들
죄송합니다..

사료자루
습격사건

한 번은 급히 서울에 다녀올 일이 있었어.

우리는 럭키 해피에게 "후다닥 갔다 올게, 너네들 얌전히 있어" 하면서 집을 나섰어. 요즘엔 반려동물 지켜보는 캠이 있지만, 그땐 그런 거 없었거든. 서로 믿고 지켜보는 수밖에. 사실 믿는 척하는 거지만. 럭키 해피는 도무지 종잡을 수 없는 애들이었거든.

서울 가서 일 보는 동안에 우리 가족은 계속 마음이 급하고 막 그랬나 봐. 아무튼 (엄마 증언에 의하면) 아침 일찍 출발해서 해지기 전에 돌아왔다고 해.

나는 현관문을 열자마자 소리쳤어.

"럭키 해피!"

그런데 조용한 거야.

내가 '개'를 키우는지..
'돼지'를 키우는지..
참...
개 배불렁ㅎㅎ

참 이상하지? 우리 식구들 발소리가 들리면 자다가도 벌떡 일어나 달려오는 녀석들인데.

나는 다시 한번 "럭키 해피!!" 하고 목청껏 불렀어.

그때야.

거실 베란다 쪽에서 엄마의 비명이 들렸어.

"얼른 와봐!!"

베란다 창틀에 작고 괴이한 풍선 같은 물체가 누운 듯 앉은 듯 기대 있었어.

황금색 풍선, 얼룩 풍선……인가 싶었는데, 럭키와 해피였어. 작은 몸에 배만 풍선처럼 부풀어오른 거야.

세상에!

이게 무슨 일이지?

강쥐들이 눈을 게슴츠레 뜨고 나를 쳐다봤어.

내가 어어어, 하는 사이 엄마의 두 번째 비명이 날아왔어.

"와, 이거 좀 봐. 세상에, 사료를 다 먹었어!"

엄마의 손끝을 따라가니, 오른쪽 아래 귀퉁이가 찢어진 사료 자루가 있는 거야. 팽팽하던 사료 자루는 마치 바람 빠진 풍선처럼 헐거워져 있었어.

맙소사, 저걸 뜯어서 둘이서 마구 먹은 거였어. 배가 터질

때까지. 엄마는 "배 터져 죽는다더니 그런 일이 진짜 있나 봐" 하고 발을 동동 구르셨어.

그 순간, 우리 집에서 가장 침착한 아빠가 애들 배를 만져 보더니 "괜찮아, 똥 싸면 돼" 하시는 거야.

"하룻밤만 있어 보자고!"

우리는 아빠의 말을 믿기로 했지.

그날 밤부터 다음 날 밤까지, 우리 가족은 만 24시간 동안 사료 알갱이가 그대로 드러난 강쥐들의 똥 아닌 똥을 치워야 했어.

그 뒤로 애들이 덜 먹었냐고?

그럴 리가.

내게
사랑은 너무 써

이번에 들려줄 이야기는 '찐'이야. 아마 세상 어딜 가도 이런 이야기는 듣지 못할걸?

우리 가족은 유관순 열사 고향인 충청남도 천안의 아우내로 이사를 하게 되었어. 그곳에 작고 예쁜 전원주택을 짓고 살게 됐거든.

아빠는 자동차 부품을 디자인하는 작은 벤처회사를 차리셨고, 엄마는 글쓰기 공부를 하고, 나는 운동장이 아담하고 건물이 예쁜 초등학교로 전학해서 학교에 적응하는 중이었지.

하루도 몸 성할 날이 없었던 개구쟁이 기웅이, 수줍은 듯 아닌 듯 착한 도균이와 나는 3총사처럼 붙어 다녔어. 게임도 같이하고, 군것질도 같이하고.

럭키와 해피도 신나는 전원생활을 만끽했어. 여름엔 무궁
화꽃이 가득 피고, 가을엔 노란 은행나무가 나비떼처럼 어우
러진 길을 따라 산책했고, 멀리 나가지 못하는 날엔 푸르른 잔
디밭에서 뒹굴며 놀았거든.

그러던 어느 날이야.

집으로 걸어가고 있는데 엄마가 집 앞에 나와 두리번거리
며 뭐라고 이름을 부르는 것 같았어.

얼른 뛰어갔지.

오, 세상에……! 럭키가 사라졌다는 거야. 마당에서 둘이
놀고 있는 걸 분명 확인하고 장에 다녀왔는데, 집에 와 보니 럭
키가 없어졌다는 거야.

"안 되겠어, 멀리 갔나 봐."

엄마는 나를 차에 태우고 동네를 돌기 시작했어. 창문을 열
고, 엄마는 왼쪽으로 나는 오른쪽으로 고개를 내밀고 "럭키
럭키" 하고 소리를 질렀어.

우리 동네를 한바퀴 돌았지만 아무 기척이 없었지.

엄마가 이번엔 아랫마을로 내려가보자고 했어. 유관순 열사
가 태어난 집과 열사가 다니던 작은 교회가 있는 예쁜 동네로
말야. 우리 집에서 볼 때 언덕 아래 마을이었지.

엄마와 나는 마을 입구에 차를 세우고 골목골목 걸으며 "럭키, 럭키" 하고 애타게 불렀어.

한참을 그러고 다니는데, 갑자기 저쪽 어디선가 "멍멍" 소리가 나는 거야. 럭키인 것 같았어.

우리는 소리 나는 쪽으로 서둘러 뛰어갔어.

"엄마, 형, 나 여기 있어, 살려줘!!" 뭐 이러는 줄 알고 우리는 너무 마음이 급했지.

정신없이 달려간 곳은 어느 농가에서 창고로 쓰는 듯한 공간이었어. 농기구랑 쌀자루 같은 거랑 짚단이랑 여러 가지 것들이 마구 쌓여 있었는데, 세상에, 럭키가 짚단 사이로 얼굴을 내밀곤 멍멍 짖으며 우릴 반겼어.

윤기 흐르던 젖소 녀석의 털은 먼지를 잔뜩 뒤집어쓴 채 뿌옇게 변해 있었어. 꼭 시골쥐 같은 모습이었지.

그런데 더 놀랄 일은, 그 옆에 웬 낯선 개가 턱 하니 앉아 있는 거였어.

"쟤는 누구지?"

"도대체 왜 여기 있는 거지?"

엄마가 럭키에게 꽥 소리를 지르면서 짚더미 속에서 럭키를 들어올렸어.

그때 정말 이상한 일이 벌어졌어. 럭키가 가기 싫은 것처럼

럭키야..!!
여기 있었구나!
어..근데,

?!
누구개요..?

몸을 막 비트는 거야. 정말이야!

"싫어, 싫어. 난 여기가 좋단 말이야."

뭐 그러는 것 같았다고!

엄마가 그걸 보고 이렇게 말했어.

"이루어질 수 없는 사랑이야!"

"나이 차가 너무 나잖아?"

엄마는 럭키 머리를 한 대 쥐어박더니 몸에 붙은 지푸라기를 털어주고는 품에 안았어. 그러고는 후다닥 뛰쳐나왔지. 나도 엄마를 따라 달려나오고.

엄마는 나랑 럭키를 자동차 뒷좌석에 태우고 시동을 걸었어. 차가 천천히 움직이기 시작하자 또 한 번 놀라운 일이 벌어졌어.

럭키가 뒷좌석에서 벌떡 일어서더니 뒷유리창을 바라보며 마구 짖는 거야.

"멍멍멍 멍멍 멍멍 멍멍멍멍 멍 멍멍멍멍멍 멍멍멍 멍멍멍 멍멍멍 멍멍 멍멍멍…."

통역하자면

"내 사랑, 걱정 말고 기다려요, 곧 돌아올게요. 아무도 우리의 사랑을 막지 못해요."

뭐 그런 거지. 세상에나!

멍멍ㅠ 멍머엉ㅠㅜ 멍멍!!!!
사랑의
개레나데..

그 뒤로 어떻게 됐냐고?

럭키는 그 후로 한 번 더 탈출했다가 다시 잡혀 왔고, 그 뒤로 3차 가출을 감행했는데 그때엔 아무리 뒤져도 찾을 수가 없었어. 우리에게 돌아오지 않았지.

사랑을 찾아 떠나가서 둘이 어딘가로 꽁꽁 숨어버린 거야.

우리 집은 그 뒤로 거의 초상집 분위기였는데, 거기 기름을 부은 사건이 또 터졌어.

럭키 없이 외로워하던 해피마저 집을 나간 거야. 이번에도 우리 가족이랑 앞집 가족이랑 동네방네 찾아다녔지만 해피의 흔적은 어디에도 없었어.

주인 잃은 잔디밭이 그렇게 슬퍼 보일 수가!

그해 겨울, 우리 가족은 캐나다로 이민을 갔어. 나는 영어 때문에 엄청 고생하던 중 '럭키의 사랑 이야기'를 소재로 말하기 대회에 나갔는데, 이야기가 너무너무 절절해서 그런가, 상까지 받았다니까.

아빠는 가끔 이런 이야기를 해.

"럭키랑 해피가 아무래도 우리 이민 가는 걸 알았나 봐."

그러고 나서 2년 뒤, 푸른 네가 태어났어!

이야기를 끝내며

비자발적, 자발적 집사 여러분. 저희가 준비한 이야기 재밌게 읽으셨나요? 공실과 동백의 사랑스러움에 전염되어 점차 변화하는 비자발적 집사님의 모습. 제가 보기엔 비자발적 집사님도 댕댕이들보다 훨씬 더 귀여워지셨습니다. 여러분도 그렇게 느끼셨을 것 같아요.

이번 책에는 아쉽게도 여러 비자발적 집사님들의 이야기를 담아내지 못했습니다. 한을 풀어내고 싶은 집사님들이 아직 남아 있다면, 또 다른 이야기로 찾아뵐 기회가 생길지도 모르겠네요.

여러분께 남아 있을 아쉬움을 달래드리기 위해 짤막한 인터뷰를 준비했습니다. 마지막까지 즐겨주시기를 바랍니다!

〈나는 개가 정말 싫어: 어쩌다 집사가 되었지 말입니다〉 작업에 참여하신 소감이 어땠는지 한 말씀 부탁드립니다.

(개 언어를 이해하지 못하는 사피엔스 독자 여러분을 위해 공실이와 동백의 말은 제가 번역해드릴게요)

이공실: 멍멍머머머멍! 머머 멍멍멍! 멍멍멍멍멍! 멍멍멍머머! 멍멍!!!

(인터뷰 좋죠! 엄마 아빠 사랑해! 언니도! 재밌었어요! 안녕!!!)

이동백: 멍멍멍멍? 머, 멍멍멍멍. 멍멍머멍멍멍. 멍머머멍멍머?

(인터뷰요? 뭐, 알겠어요. 참여해서 좋았습니다. 이 정도면 되는 거죠?)

비자발적 집사(이푸른 아빠): 내 평생 개를 지금처럼 식구의 일원으로 생각하며 아끼고, 좋아하게 되리라고는 전혀 예상하지 못했다.

남산: 댕댕이들이 준 즐거움 덕분에 행복하게 작업했습니다. 저도 모르게 공실이와 동백이의 해피 바이러스에 감염되었나 봐요.

이푸른(비자발적 집사 딸): 공실, 동백이와 함께한 기억을 떠올리며 즐거운 마음으로 글을 썼습니다. 독자 여러분께서도 읽으시는 동안 부디 행복하셨기를 바랍니다!

나는 개가 정말 싫어
어쩌다 집사가 되었지 말입니다

초판 1쇄   2022년 3월 10일

글   이푸른
그림   남산

디자인   닷웨이브 한채린

펴낸이   이은권
펴낸곳   틈새의시간
출판등록   2020년 4월 9일 제406-2020-000037호
주소   경기도 파주시 하늘소로16 105-204
전화   031-939-8552
이메일   gaptimebooks@gmail.com

ISBN   979-11-970325-5-4(03810)